THE CAREER MAZE

走出职业迷宫
The Career Maze

[新西兰] 海瑟·卡彭特 ◎ 著

张睿靖　肖红玉 ◎ 译

民主与建设出版社

图书在版编目（CIP）数据

走出职业迷宫／（新西兰）海瑟·卡彭特著；张睿靖，
肖红玉译. —北京：民主与建设出版社，2010.9
ISBN 978 - 7 - 5139 - 0001 - 0

Ⅰ.①走… Ⅱ.①海… ②张… ③肖… Ⅲ.①职业选
择 - 青少年读物 Ⅳ.①C913.2 - 49

中国版本图书馆 CIP 数据核字（2010）第 179341 号

The Career Maze：Guiding Your Children Towards A Successful
Future by Heather Carpenter
Copyright：ⓒ 2008 By New Holland Publishers（UK）Ltd. , Text By Heather Carpenter
This edition arranged with New Holland Publishers（UK）Ltd.
through Big Apple Agency, Inc. , Labuan, Malaysia.
Simplified Chinese edition copyright：ⓒ 2010 Democracy & Construction Publishing House
All rights reserved.

责任编辑　　闵　建
封面设计　　王　超
出版发行　　民主与建设出版社
电　　话　　(010)85698040　85698062
社　　址　　北京市朝阳区朝外大街吉祥里 208 号
邮　　编　　100020
印　　刷　　北京东海印刷有限公司
成品尺寸　　140mm×210mm
印　　张　　9.75
字　　数　　130 千字
版　　次　　2010 年 12 月第 1 版　2010 年 12 月第 1 次印刷
京 图 号　　01 - 2010 - 5752
书　　号　　ISBN 978 - 7 - 5139 - 0001 - 0
定　　价　　28.00 元
注：如有印、装质量问题，请与出版社联系。

特别鸣谢

谨以此书献给多年来与我共同探讨人生梦想、未来理想以及职业发展设想的广大青少年朋友们——感谢你们带给我的巨大启发！

同时亦将本书献给布雷特和我的孩子们——安娜、尼克拉、本、基特，谢谢你们长久以来对我的支持和鼓励，谢谢你们无微不至的爱。

出版者序

最初看到这本《走出职业迷宫》的时候，笔者原本以为这只是一本普通的职业教育书籍，仔细翻看之下才发现，它其实是一本专门对青少年进行职业教育的家长指南，是一本适合家长和孩子共同阅读的亲子书籍。

看到"职业迷宫"这几个字的时候，笔者突然想起这样一个现象：

很多人小时候都被问过这样的问题——

"你长大了想干什么？"

"当科学家""当明星""成为一名英雄"……

这些答案当初或许从我们很多人的嘴里都说出来过。这些让大人们满意的答案或许曾被他们大加赞赏。然而，长大了的我们大部分都没有实现当初伟大的理想。但从另外一个角度来看，要是每个人都实现了小时候宏大的愿望，我们的社会容纳得了那么多的名人、伟人吗？虽然名人、伟人对社会来说是不可或缺的，但是社会上大多数人还都只是平凡人而已，也扮演着自己不可替代的社会角色。名人有名人的责任、职业，平凡人有平凡人的责任、职业，这样各司其职，社会才能正常、有序地存在。

因此，今天——21世纪的今天，人们对孩子的职业教育理念和方法应该改变了。这种改变主要应该体现在两个方面，其一，职业不能再分高低贵贱了。在所有工作都需要有人去做的社会里，如果孩子的理想是做一名清洁工，你又怎么能对他加以嘲笑呢？

其二，也是更重要的一点是，对孩子的职业教育应该从小抓起，而不应该等到学业结束时才匆忙、盲目地择业、就业，或是毕业就失业。

这就是《走出职业迷宫》的作者海瑟·卡彭特博士在书中表达给我们的主要观点。海瑟·卡彭特博士是一名资深职业咨询师、职业教育专家，多年来一直从事专门的职业发展研究，并帮助广大青少年解决其职业发展中的各种问题，因此，她掌握了大量的一手资料。本书正是融入了她多年在一线工作中积累下来的大量一手资料及各种最新的研究成果和思维模式而成就的。

要扛起社会职业教育的大旗，非社会、家庭、学校的通力合作不可，但家庭尤其是家长在孩子早期的职业教育中承担的责任最重、最大。家长才是最初影响孩子职业选择的人，才是此时最能给孩子提供帮助的人。

本书的教育理念在于使家长们投身于适合自己孩子的有用追求当中，尽可能容易地让孩子找到一生中愿意追求的目标并与社会上的热门职业相联，以达成孩子天性及天赋与社会成功的完美结合——而这一切必须从孩子很小时就要加以精心贯彻，并最终达成！

还需要说明的是，在本书的最后一章，海瑟·卡彭特博士给家长们提供了许多渠道和网址以期提供帮助，这些渠道和网址大多都是国外的，但我们在出版本书中译本的时候没有删去这一章，原因在于这些渠道是国内的家长可以参考的；而这些网址或许也会对国人越来越国际化的职业之路提供帮助。

愿所有孩子的前途都不可限量！

出版者

2010 年 7 月 12 日

Foreword

写在前面的话

最近我设计并完成了一个专门针对青少年就业选择的研究项目。这项研究主要是调查在不同年龄段的青少年眼中，谁是对他们就业观影响最大的人。在15~19岁的年龄组里面，回答"父母、父亲或母亲影响最大"的比例最高，占59%；认为"其他家庭成员对自己的影响最大"的占15%；9%的人选择了朋友；只有7%的人选择了自己的老师。在22~24岁的年龄组也得出了类似的统计结果，只不过与15~19岁年龄段相比，这一组具体的数字之间没有出现之前那么明显的对比而已。

我们都知道，绝大多数的父母都非常爱自己的孩子，孩子遇到任何问题他们都会竭尽所能地从旁协助。再加上就业指导领域在大多数国家里都面临资源稀缺的局面，因此，出现父母的影响最大这种调查结果倒是没有出乎我们的预料之外。而且说实在的，除了父母，孩子们可以信赖、可以求助的对象还能有谁呢？除了自己的父母，谁还会真把这些事情放在心上呢？时下大众普遍认为，不管父母是否愿意，他们都理应承担起自家孩子第一任老师的职责。同理，我们认为大多数父母也应承担起孩子首任职业指导师的责任。

首任职业指导师的责任不可谓不重大。要知道青少年职业生涯的开始往往决定了他们未来在职业发展上的成就能有多大，究竟是一帆风顺，还是一事无成、窘迫不堪。然而，再怎么爱孩子，大多数父母都认为自己掌握的知识和技能有限，帮不上孩子什么忙。正是由于这一误区的存在，海瑟·卡彭特才写了《走出职业迷宫》一书，意在向各位父母传达这样一个积极的信号——即使没有一技之长，不是专业顾问，父母也可以在择业这个问题上真正帮助自己的孩子。

《走出职业迷宫》一书通过简单易懂的形式为大家解读了家庭生活中发生的各种对话情景和行为模式，通过解读这些特定的对话和行为模式能够帮助孩子树立职业信念，加深自我认知，并进一步明确职业发展目标，

Foreword

从而使他们做出更加明智的职业选择。通过本书介绍的基础职业理论知识，各位家长朋友定能获益匪浅。孩子目前对自己职业规划可能有哪些具体想法，作为家长应该如何更好地从旁协助，这些问题家长朋友们都能从本书中寻找到答案。在本书的各个章节中，家长和孩子还能够与众多这一领域内的专家们进行沟通，并就职业发展，尤其是青春期及刚进入成年期的孩子们的职业发展进行深入探讨，从中汲取宝贵的经验。

同时，通过阅读本书，孩子们还能找到帮助自己走出职业迷宫的宝贵建议和实践步骤。

多年来，海瑟·卡彭特一直从事专门的职业发展研究，同时她还拥有职业咨询师的专业背景。这本《走出职业迷宫》一书正是融入了她在一线工作中长期积累下来的大量材料。攻读博士学位期间，海瑟·卡彭特更是接触到了各种最新的研究成果和思维模式，如此旁征博引、紧跟学术潮流无疑为本书增加了不少分量。

不仅如此，海瑟·卡彭特还善于运用直白易懂的语言方式贴近读者。为了能和各位家长朋友进行更好地沟通，海瑟·卡彭特有意避免使用过于学术化的语言，同时也没有因为过于迎合读者而失掉自身的特点。《走出职业迷宫》真是一本好书，我向所有的家长朋友们推荐它。希望这本好书能对读者有所帮助，让家长们疼爱孩子、望子成龙的迫切心情得以实现，让孩子们将来成为一个成功、快乐的人。

同时我也想向各位身处职业咨询及相关行业的人士推荐这本书，希望本书传递的理念能够在实际工作中帮助你们，为你们与家长和青少年的沟通贡献一个崭新的视角和工作方法。

——新西兰怀卡托大学①管理学教授

克尔·尹克逊 (Kerr Inkson)

---

① 怀卡托大学(University of Waikato)成立于 1964 年,是新西兰政府的 8 所公立大学之一。怀卡托大学有在校学生近 12 500 名,其中包括来自全世界 70 多个国家的国际留学生 2 000 多名。怀卡托大学在世界上享有很高的知名度,更以法律、管理、计算机、自然科学和教育见长,被誉为南半球的哈佛。——译者注

Contents
目录

第七章　培养职业技能,提升就业能力

第八章　帮助迷失的孩子

第九章　把握 21 世纪职场新动态

第十章　家长的行动指南

第十一章　家长可获取的有效资源

引言

　　面临职业选择时任谁都会有陷在迷宫里不得要领的时候。世界各地的青少年都想要找到一条适合自己的职业发展道路,而这些青少年的父母在一旁更是着急上火、手足无措地想要帮上些忙。如今,我们已经进入了 21 世纪,在这个信息时代中,职业选择种类的千变万化、大幅增多已经成为了一个全球性的现象。当今世界更新换代十分频繁,青少年在择业问题上面临的抉择之难同样具有普遍性。

　　一次我期盼了很久的假期旅游终于得以成行。由于事先有约,就在前往欧洲的当天,我还与一位 17 岁的男孩进行了面谈。见面之前这个男孩的妈妈还在为他的前途发愁了一整天。当时的情况是整个学年已经过去了 3/4,这个孩子还不知道应该学习哪些课程。因为自己根本不知道还能做些什么，他索性胡乱选择了一些课来上。他的母亲就是为这些不能算作选择的选择而发愁。

这个男孩的诉求十分简单。我们谈过话、做过几个反馈练习之后，他很容易就找到了适合自己的发展方向，并且很快明确了发展的准确起点。经过谈话这个男孩终于找到了一个能让他有所斩获的发展方向，所以离开的时候他特别满意，高兴得满面红光。

一周之后我到了法国，我又与一个在葡萄酒行业工作的母亲见了面。和上一个母亲一样，这位妈妈也为儿子的选择焦虑不已。她感觉自己的儿子之所以选择从事葡萄栽培工作只是因为父母是做这一行的。她的焦虑就在于不敢肯定自己的孩子是否适合这个行业，孩子是不是因为不知道还能做什么，所以才选择酿酒行业。旅行的时候我还碰到一个为大学学业感到焦虑的法国男孩，他与妈妈在学什么这个问题上起了争执。妈妈强调法律是最好的选择，可他却不这么认为。我还遇到了一个年纪马上奔三的英国大学毕业生，她对我坦白说，用"青年危机"①(20~30

---

① 青年危机是专属于20~30岁年轻人的标签——"那是一段自我怀疑、情绪不稳、迷茫将来的日子，人们变得有些退缩，没有目标，觉得任何事情都缺少意义。身陷这场危机你会自我质疑'我是谁'"。——译者注

岁面临的危机)这个词形容现在的她再合适不过了。这个女孩子说自己还不知道以后想从事什么工作。

实际上跟任何地方的年轻人聊天，在谈到他们自己或是他们朋友的工作时，总是能听到上述类似的例子。同样地，几乎跟所有父母聊天的时候，他们都会提及因为担心孩子的工作而出现的类似忧虑。

对年轻人来说，不管未来的发展方向是在上完学之前还是之后能弄明白，找到这个方向对他们来说都是个十分重要的人生转折。所有陪孩子经历过这一阶段的父母都能够清晰地描述出这一时期孩子身上的变化——孩子找到未来的发展方向之后会表现得信心十足。这时候他们就会变得快乐，浑身充满干劲，想要大展拳脚。这种孩子的家长跟我聊天时通常会说这样的话："最近他真的特别高兴，活力四射得好像变了一个人一样。""她现在干劲十足，我简直不敢相信啊。"其实这些令人惊喜的变化背后的原因就是孩子们终于找到了人生的价值。他们把自己的兴趣和注意力完美地融入了今后的发展方向，也就是选对了路。这时候的孩子已能充分认识到自己的特点，并将这些与未来的发展结合到一起。更有意义的是，他们已经迈出了走向成功最为重要的一步。

对于父母和我们这些职业指导师来说，唯一的也是

最重要的一点就是帮助孩子更好地认识他们的特长，找到一条正确的道路，以便将来成长为一名独立自主、自给自足的成年人。

这一点正是职业抉择的重中之重，但这一点却在充斥着海量信息、各种虚假浮夸宣传手册、晦涩难懂的网页内容以及各种技术主导型测验和指导中渐渐被人们所忽略。在信息时代，各种职业培训和选择范围的信息只要想得到就没有找不到的。人们也越来越把求助信息渠道看成了解决疑难的方法。然而实际上，如此海量的信息实在是有把我们的孩子们"淹没"的危险。而且信息的获取仅仅是一个开始，要是没有对自身兴趣爱好、潜能和能力特点的准确认识和坚定信念，再多的信息都是白搭。只有掌握以上各项条件，青少年才有可能在职业发展上找到属于自己的成功之路。

现在社会上到处是标榜青少年"无所不能、无事不成"的大调调。有时候这些话也许有一定的道理，但是对于一个连"我能做些什么？从何做起"这一根本问题都不知道的青少年来说，上面这种大而化之的论调显然是不合适的。对于青少年的择业问题，学校向孩子们传达的观念是强调人一生不同的时候会碰到不同的职业，因此"为将来可能随时改变主意打算，最好不要为了一棵树而放弃整片森林"。对于着急做好打算、尽快步入发展正轨的某个孩子来说,这种群体性建议就发挥不了预期作用。

学校和政府机构在职业指导方针上选择了越来越以信息为核心的大众传播体系,这种传播体系达到的效果往往类似于空投物资——只有极少数人能够从中受益,绝大部分人根本得不到需要的东西。面对这种大政方针,学校里的职业指导老师也别无选择,只能尽可能地照顾到自己负责的几百个学生。然而在这些指导老师中,绝大多数人还没有接受过正规的培训,手头也没有足够的资源来完成简单却要求直觉敏锐的工作——专心倾听学生的诉求。时间有限加上学生数量众多令这些指导老师不得不完全依靠程式化的电脑软件来解决问题。但是,这样做只能解决很小一部分学生的难题,而且由于系统给出的答案不适合自身的情况,学生诉求后心里反而会产生更严重的挫败感。

在信息泛滥的当今社会,青少年希望得到的是能帮助他们确定自己的设想是否正确、能帮助他们找出个人特长的指导人员。他们倾诉自己想法的时候关键处往往一闪即逝,有时要想准确捕捉到这些关键点往往需要我们全神贯注地仔细倾听;而且一旦产生了一个关于未来发展的想法,倾诉的对象应该是一个在他们的世界里具有较大影响力的成年人,只有来自这些人的肯定才能切实有效地帮助他们提高能力,实现人生梦想;如果对他人倾诉的话,他们就不会相信自己的想法能带来成功了。

成功找到发展方向的孩子身上还有另外一个显著的特点,那就是强烈的自信所带来的乐观态度,就是认定通过努力和十足的动力,他们能够在事业上有所建树。

在实际工作中,我亲眼目睹了明确发展道路带来的愉悦与未曾明确所带来的消极影响。越是找不到方向,孩子们就越会变得急迫焦虑,因此在这个过程中他们会变得愈加自卑,愈加缺乏动力、闷闷不乐,还会把找不到方向归结为自己太过失败,更不肯将自己的烦恼讲出来。有时候这种孩子会为求得某种答案而胡乱做出一个选择了事。像这样的故事只可能有一种结局——由于选择了不适合的专业或者培训课程,孩子只会更加怀疑自己的能力,更不快乐,最终只能以痛苦的眼泪收场。

最近我在新西兰一个较大的城镇做了一次演讲。演讲结束以后一位听众找到了我,他告诉我说,他儿子的情形特别符合我的演讲内容。这个孩子上大学的时候选错了专业,小伙子先是感到强烈的焦虑和挫败,彻底失去信心之后干脆退了学,成天折腾着想要做些别的事情来找到自信。儿子变得情绪如此低迷,做父亲的特别着急,但就是不知道该怎么帮助孩子。其实这种情况已然是发展到了最危险的地步,再往前一点就是万丈深渊,彻底迷失在职业迷宫里面。要是真的走了那一步,孩子的健康和心情都会受到影响。二十几岁这个年纪原本应该充满成就感和自我满足感,现在反倒变成了痛苦的考验。在这个痛苦着上下求索的过程中,青少年建立自立能力必备的自信心和对未来毫不迟疑的坚定信念都受到了严重的影响。

***

其实,从事过职业教育的人都应该知道父母才是孩子职业抉择中的关键因素,不过,我们这些专业人员却没有发挥好应有的作用,反而传递给家长各种海量信息、铺天盖地的广告以及灌输择业范围不断拓宽的宣传材料。说实话,这些东西并没有真正帮到有需要的人,手上仅有这些资源还是无法帮助青少年找到适合自己特点的发展道路。不过各位家长朋友也不必太过焦急,其实我们还是有办法帮助孩子的。

在撰写本书的过程中,我所遇到的最大挑战就是不仅要向各位家长介绍围绕职业选择和人生梦想展开的各种概念和思维模式,更要把这些专业知识以一种简单易懂的方式讲述出来。近几年来学术界新出现了众多研究成果,这些研究成果能够更好地帮助我们解决问题,因此其传播面也不应仅仅局限在专业人员的圈子之内，还应该向家长朋友们推荐学习，扩大受益范围。

话又说回来，家长朋友们最应该仔细研读的对象是自己的孩子。本书的目的就在于鼓励家长多多留心，有意识地主动解读自孩子身上发出的种种信号。同时，本书还为大家提供了众多培养孩子自我意识、寻找人生梦想的方式方法。

信任就是本书为大家开出的最基本的一剂灵丹妙药。这是因为成天担心孩子找不到正确的发展方向反而会妨碍我们注意到那些好的选择机会，令父母看不到真正适合孩子的道路，还会让孩子在最需要自信心的时候无法相信自己。这样的担心其实于事无补，父母在进行抉择的时候只会更加举棋不定，为找不到最合适的择业方向而着急上火。

那么与其杞人忧天，不如积极帮助孩子寻找适合的方向。对孩子来说，"最适合的"选择的确能够起到点燃人生梦想的作用，这种正确的选择能够唤起青少年的上进心，让他们充满干劲，积极进取。青少年也正是在不断认识到兴趣爱好与职业发展方向的契合度的过程中意识到这些内容的，而我们作为家长就可以在这个过程中给予他们相应的帮助。我把这种帮助称之为"连接员"的工作，意思就是帮助孩子找到这些契合点。请记住，我们的任务不是代替孩子找到那个适合他们的方向，而是不断帮助他们更好地认识自己、了解自己，让他们自己探索出一条道路来。在这个过程中我们最应该插手的是培养孩子的自我意识和自信心。

请记住：青少年也正是在不断认识到兴趣爱好与职业发展方向契合度的过程中意识到这一点的，而我们正可以在这个过程中给予他们相应的帮助。

最近我与一个以前短暂共过事的人聊了聊。这个同事有个儿子，他告诉我以前他曾经认为我们共同研究的那套理论完全是"说疯话"，但是经过 6 个月的切身体验，他现在已经完全认同了。通过这套方法，他的儿子乔希完全沉浸在自己所从事的事情当中，并且成绩斐然，简直就是变了一个人。他儿子找到的那条道路经过实践证明完全正确。聊天的时候我们还说到了乔希具体的工作，他的这项工作需要有很强的沟通能力。我于是说道："现在你知道乔希的沟通能力有多强了吧？"这位家长说："还真是这样，他才 25 岁，能达到这个程度确实不一般啊。"

父母与老师往往看不到那些"远在天边，近在眼前"的正确道路，通常他们的注意力受到了众多干扰。这些干扰中就有因为觉得青少年都会有哪些不足而带来的焦虑，还会有因为孩子一时学习成绩不佳而着急不已的心情。同理，有时孩子也会因为害怕父母不同意或是受到责骂而在其面前闭口不谈自己的梦想与追求。须知，即使是开玩笑中无意贬低一下孩子的梦想，也会产生不良的影响——虽说这样做也许不大可能令孩子就此心灰意冷地打消念头，但是以后孩子肯定不会在你面前再谈到这方面的内容。此后家长即便想要帮忙也无从参与了。通过阅读本书，各位家长就能发现那些未曾注意到的适合孩子的发展方向，并以一种积极的方式帮助他们达成梦想。

　　用职业迷宫来形容职业抉择时面临的困惑是非常适合的，因为一旦入错了门，再怎么努力都只会在迷宫里越陷越深，这时候要想再重新找到正确的方向就会更加费时费力；而那些从一开始就选对了方向的人要想走出迷宫可就简单多了。我相信只要各位家长朋友们稍加学习，注意用正确的方式方法武装自己，就一定能够在帮助孩子找寻正确方向的路途上发挥出巨大的作用。

——海瑟·卡彭特(Heather Carpenter)

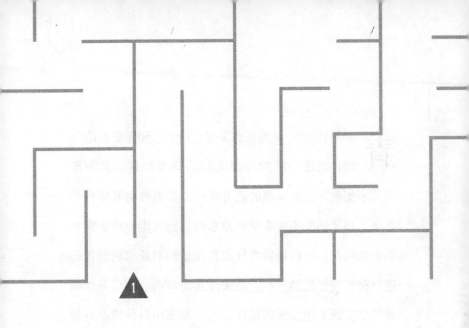

第一章
培养孩子的追求，帮助其自我定位

青 少年怀揣的梦想就像是形形色色不断变换的气泡，就连一阵微风都能轻而易举地将其化为泡影。不想破坏这些气泡的话可要小心翼翼地将其捧在手心里。孩子的梦想、希望和追求跟這些气泡一样也需要悉心地呵护。这些娇弱的气泡是孩子们对长大后的自己进行初步设想的第一步，而父母正是倾听、回应并帮助孩子们实现人生梦想的最佳人选。本书中具体涉及到的是有关孩子们职业发展的梦想。

孩子长到十几岁的时候面临的最大挑战就是决定自己今后的职业发展方向。换句话说，他们必须进行类似的自我对话：

"我应该怎样做才能成长为一名独立自主、自给自足的成年人？"

对于一个连自己的喜好、将来能在哪一方面崭露头角、如何做到这些都知之甚少甚至一无所知的青少年来说，这个问题尤其是个巨大的挑战。21世纪涌现出了众多新兴的职业，然而随着可选范围的拓宽，择业时面临的困难和困惑也大大增加了。各种选择机会突然一一摆在孩子们的面前；大量有关高等院校的宣传信息也令其感到困惑不已；各种培训课程的介绍更是吹嘘得天花乱坠，一眼看去满是客户如何满意、效果如何显著的虚假宣传。凡此种种，更是让青少年满头雾水、无所适从。

面对此等海量信息，无怪乎我几乎每天都能够听到来自各位家长朋友们的如下反馈了：

"他真是一点想法也没有，哪怕有个大概的方向也好啊……"

"她现在还不知道自己以后想做什么。这一点她自己也很是烦恼，而且据她说，周围的好朋友都知道将来想干什么了。"

"关于未来他总是一会儿一变，拿不定主意，我看他真是迷糊了。"

"我的孩子想等一年以后再做打算，可是我又怕一旦这一年什么也不学，那她就再也提不起学习的兴趣了。"

"我担心这孩子没有学习的动力，他老说自己不爱上学，也不知道将来想干些什么。可偏偏现在又到了该选择明年课程的时候了。"

持有以上观点的家长因为觉得自己的孩子似乎没有一个明确的职业目标而倍感担忧。他们求助于我也是想为自己的儿女找到一个可行的方向，或者说是找到一个能让孩子集中精力积极进取的兴趣点。实际上父母会有这样的担心是很正常的。

关于未来的发展方向，青少年是需要逐渐培养出一个清晰明确的追求和目标的。最重要的原因就是，在众多十几岁的孩子应该做的事情当中，一旦找到了某一个明确的目标和追求，那他们就不会觉得整天无所事事，而是能够更好地管理、掌控自己的生活。明确了目标之后就有了努力的方向，同时也能坚定孩子达成目的的决心。对于十七八岁的孩子来说，面对长久以来一直困扰他们的这一问题：

"你想好以后干什么了吗？"

即使是一个不太确定的目标，最起码也为他们提供了一个确切的答案。

多年来为青少年提供咨询服务的经验告诉我，一旦得知能有一个让自己满意的解决办法，那么原本愁眉不展的孩子们就会大大地松上一口气。这样，他们在自己的同龄人和好朋友面前以及应对周遭事物时也都会感到更有信心、更有能力了。

尽管年轻人在面临压力时普遍会急于求成，面临择业难题他们往往不多加斟酌就随便找一个答案了事。但其实在人生的这个阶段是不能仓促的，甚至没必要火急火燎地马上就要找到答案。有明确的职业目标和方向也不意味着连具体要做什么工作都非要弄清楚。实际上过早决定具体的工作内容也会妨碍我们接受以后可能出现的更为合适的选择。就青少年现阶段的发展特征而言，只要他们能有一个大致的方向，能够意识到哪些技能是自己想要慢慢培养发展，哪些领域是自己比较感兴趣的就可以了。只要弄明白这些，对他们在青少年时期的发展就会有巨大的帮助。能找到一个适合自己的发展方向会使孩子的精力更加集中到今后相关的学习领域当中，也会使他们更加充满信心和动力。

那么我们应该如何帮助青少年找到适合自己的发展方向呢？答案其实很简单——只要我们参与到孩子的成长过程中。这句话的意思就是引导孩子们主动谈论自己将来想成为怎样一个成年人，想在什么方面有所发展，就是与孩子共同讨论他们的人生梦想、职业规划；然后一步一步耐心地帮助他们形成一个关于未来自我发展的蓝图。这个蓝图中描述的就是孩子们为之努力的方向，就是他们梦想中未来生活、工作方式的具象化，就是那个有一技之长的成功人士。

一个人的追求反映了他关于自我设想的规划，也与他的期望和目的之间联系最为密切。如果青少年要保持追求目标的昂扬斗志，就一定要对自己和未来充满自信和希望。

未来自我蓝图中描述的就是孩子们为之努力的方向，就是他们梦想中未来生活、工作方式的具象化，就是那个有一技之长的成功人士。

父母一定要意识到孩子未来自我蓝图的设想是与他的成长环境和每天接受的思想模式极其相关的。帮助他形成蓝图的这块背景板上就包括了父母从事的工作、每天接触到的社会角色、和同事之间对所从事工作进行的赞美和诟病，以及对孩子做出的评价或是说出的任何话语，这些都会直接影响到孩子对未来自我的设想。

如何帮助孩子实现未来自我设想

作为父母，要想帮助孩子实现未来自我的设想，就要让孩子感觉到你对他们和他们能力的充分信任，就要让他们感觉到你坚定地认为这一设想一定能够实现。对于孩子正在做的事情，你可以表达对孩子这方面能力和天赋的认同和夸奖，还可以认真听取孩子关于如何达成目标的具体想法，这样做就能帮助他们建立一个朝成功未来迈进的良好开端。家长们还有一个十分重要的任务，那就是要学会发现孩子具有哪些特长，并且帮助他们将这些特长发挥出来。

（1）相信并认可孩子的能力以帮助他们发掘一技之长

从一开始，家长就要表现出对孩子能力的相信和认可，这样才能使他们相信自己将来一定能取得成功。青少年对于成为一个有能力的人并将这种能力展现出来是非常渴望的。只要家长对这种能力给予认可和肯定，那么这种能力出现在任何领域都是好的。此外，父母对孩子这种能力的认可一定要让他们能够清楚地感知，还要以其能够理解的方式表达出来。只有这样，才能帮助孩子达成目标，将来成长为一个有用的人。随着孩子逐渐认识到他们的能力所在，将来他们就能自己发现更多的一技之长了。

举个例子来说，如果你的孩子跟你谈起放学后打的零工，他可能会说："那就是个兼职。"或是类似这样的话——"不过是在加油站给汽车加油罢了"。家长此时应该做的就是通过自己的讲解使孩子更好地认识这份工作，认识到也许将来这份工作能派上什么用场。家长们不妨用类似下面这段话的方式来启发孩子：

"你那份工作可不只是加油那么简单——加油站安全最重要，要在那里工作就要熟知所有的安全条例并且严格按照程序加油。而且面对上门的顾客还得能够提供高效实用的服务，这就牵扯到跟顾客沟通，向他们提供所需的服务；还包括跟发火的顾客打交道，学会如何处理客户投诉，等等。"

"说实话，要想保住加油这份工作，你要学会做好很多事情。这份工作能够帮助你了解到客户服务行业，还能学会一些与人沟通的技巧。不管将来你从事什么行业，都需要这些经验来辅助。"

以上这段谈话就是对"给汽车加油"这个工作进行分解，把其中能够用来辅助更高级别职务的技能抽取出来，然后告诉孩子这些技能在很多工作中都是通用的。最重要的一点就是，要通过一种轻松谈话的方式对孩子的能力进行肯定。说完这些话之后，你就会发现孩子的自我感觉是不错的——他们这不就正在朝成为一个有用的人、有一技之长的人发展吗？

孩子们自己是没有能力分析并得出上述谈话中的观点的，但是经家长点拨他们就能理解。其实还有很多种方法能够帮助我们巩固孩子的自信，重点培养他们的特长，实现未来自我蓝图的设想。这些方法将陆续出现在本书的各个章节当中。

（2）谨慎言行，避免无意中破坏了孩子的未来自我设想蓝图

父母做的很多事情都能够影响并破坏孩子关于未来职业的设想。举例说来，父母要是跟不上时代节奏，就会影响到孩子的自我设想。随着时代的进步，这些年职业种类也在经历巨变，父母要是忽略了这些变化就无法在孩子择业时起到积极的作用。另外，如果连家长都对择业抱有畏惧心理的话，孩子择业的信心就会更受打击了。比如，以下消极否定的言语就会起到反面的效果：

“别傻了，这种事你可做不成。”

“这可不是你能干的，打死我也不相信。”

“这种工作有什么了不起的。”

以上这些话做父母的都知道不应该说，但是有时候因为害怕孩子做了错误的选择还是说了。虽然看起来这些话没有多严重，只不过是日常聊天时随口说出来而已。但是你可能不知道，在听到这些关于自己"最真实"的评价后，孩子很长时间都会把它放在心上。这种消极的评价就会阻断孩子前往正确方向的道路，还会令他们刚刚萌芽的信心受到打击。

(3) 避免指责和偏见

同样道理，指责和偏见也会破坏孩子的未来自我设想。家长频繁批评某些行业或某些工作只会令孩子对这些行业和工作失去兴趣，这样是限制而不是拓宽孩子的发展空间。通常这种指责和批评是源自家长的疏忽，或是担心自己的孩子会选择你认为不适合的职业，但是请各位家长谨记，即使是随口说出来的一句轻视的话，都会影响到孩子的看法以及其后他与家长的交流。就好比说，你在家里要是说过瞧不起教师行业的话，那么你的孩子即使想做老师也不会跟你说了，相反他们还有可能被你说动，去从事一些原本不适合他们的职业。关于职业抉择这一点，家长一定要意识到自己的观点可能是不全面或是有偏见的。还有一点要注意的是，不管在你看来某项职业有多么好，要是不适合孩子的话，即便勉强去做了，也只会白白浪费孩子宝贵的时间，然后等他们意识到的时候就晚了，还得找我们这些职业咨询师从头开始。

总结：面临抉择的时候，个人追求和未来自我设想蓝图是最关键的决定因素。

前来向我求助的大学生大多刚刚完成学业，他们诉求的原因是自己当初所选的专业是在压力下无奈而为之的，那时的他们并不知道自己真正想学什么，于是乎父母就代替他们做了一个自认为不错的决定。这些向我求助的大学生是这样说的：

"从一开始我就知道，其实我不打算学习这个专业，但是那时候我又不知道除此之外还能学点什么，而且我父母也不会答应让我先闲下来考虑清楚。"

"我讨厌学会计，我讨厌上课。都是听我爸说这是个好专业我才上的。"

以上观点很有普遍性。这些大学生花了三四年的时间却学了一个自己并不喜欢的专业。这还不算，他们更是为当初没能在第一时间做出正确的抉择而感到懊悔不已。要是等到毕业才后悔自己选错了专业，通常自信心和斗志都已经受到的极大的影响，也许此后还会就此一蹶不振，错过职场最初的发展时机。

面临抉择的时候，个人追求和未来自我设想蓝图是最关键的决定因素，更是奠定自我成长与职业观念的基石。有了这三者就有了为之奋斗的希望、动力，也就有了打造美好未来的平台。对青少年来说，达到一些简单的目标，即便像是上文中提及的成为一名称职的兼职加油工，也会帮助他们日后在应对更具挑战的工作时变得更有信心。在后续章节中我们将继续谈到如何引导、培养孩子立志，并会讨论制定学习、就业能力目标的重要性。

自我认知谜团

正是因为青少年对他们的社会角色定位感到困惑，所以才会出现上文中提及的种种尝试性探索。可以说是不确定的社会角色决定了不确定的职业方向。这一点很重要。青少年非常关心的一个问题就是——

我是谁？我将来是什么样？我想要怎样的未

来？作为一个独立存在的个体我应该是什么样的？

孩子十六七岁的时候，他们的自我认知和未来图景也许还很模糊，但是有了来自家长的帮助，相信他们就能找到一些拼出社会角色拼图的线索。一旦孩子们把这些线索完整地拼凑在一起，那么未来的图像就会清晰地呈现在眼前。

社会角色意识和自我认知正是为孩子们指引方向的指南针。有了这个指南针，孩子们就敢于说出

"我知道什么适合我"

这样的话来，就能找到正确的方向。其实青少年非常想知道如何培养自己的与众不同之处，以及如何才能以更加合理的方式将自己的思想观念和人生梦想从家庭的影响中解放出来。聪明的父母不会把孩子不断改变主意看成是件坏事，他们会认为这是探索正确道路中出现的正常现象，是一种合情合理的、很有意义的过程；而一个只知道担惊受怕的家长却会试图把孩子刚刚萌芽的念头掐灭，然后以轻视的态度破坏孩子走上正确选择的机会。

青少年探索人生梦想、尝试各种新奇想法往往是语

言在先、行动在后的，在付诸实践之前他们通常会先说出自己的想法。过于忧虑的家长就会把孩子的话当真，把设想理解成为意图明显或是既成事实。这样，他们就会担心孩子的行为是否已经超出了自己关于整个家庭规划中的"安全范围"；而聪明的父母则会诚恳地表达自己的想法和保留意见，并且在实际对话时更多地从主观情感出发，避免使用过于生硬的语言。这样做家长就能既表达了自己的意见，又能够便于孩子理解。举个例子来说，这样讲话的父母就是采取了促进谈话的方式与孩子交流的：

> "我担心我对这份工作的理解还不够多，不如
> 我们一起好好了解一下吧。"

相反，过于焦虑的父母就会以不太中听的语气贬低或是批评孩子的想法，这样他们也就失去了与孩子共同建筑梦想的机会。如果之前你从孩子那里听到过这句话——

> "这就是我不跟你说的原因"，

那么就要仔细想想你跟孩子之前谈话中的情形了。

逐一实践各种想法

有时候，孩子对未来自我的设想和一些想法并不会在你和他们严肃、正式地探讨未来职业规划的时候出现，而是在你最不经意的时候突然就冒出来。比如他们和你一起看电视的时候就会无意间说一句：

"我挺愿意做这一行的。"

对于正在形成某一种追求的孩子，有几点家长需要注意：孩子可能因为还不太敢跟你提及自己的想法而把它们隐藏在内心深处，或是只不过是一时兴起想要尝试，还没有仔细考虑所以没跟你说。不管是哪种情况，家长此时的反应都特别重要。你可以以积极的方式肯定孩子，只要简简单单地点个头表示同意，

（你可以边点头边说）"可以试试啊，为什么不呢？"

或者用身体语言传达出你认为孩子的想法切实可行和你

支持的态度就可以了。即便你认为孩子的想法不太靠谱，你的反应也应该对事不对人。你可以这样说：

"我觉得是这样，做律师的话老得跟法律文件打交道，要花大量时间在阅读和撰写这方面的工作上。你觉得你喜欢这种工作吗？"

如果你能把一份工作涉及到的具体职责内容以这种方式如实摆在孩子面前，他们就有了明确的努力方向。有了家长提供的信息，孩子可以先初步检验一下他们是否适合从事这份工作，与此同时，还能进一步加深自我认知。然后，家长就可以放心大胆地让孩子放手去做了。你要相信孩子的判断能力，因为这也是他们成长中必不可少的一部分。其实有很多人在对一份工作的日常职责一无所知的情况下就随便选择了它，这一点也许会令你感到惊讶。但是作为父母，你需要帮助孩子完成这个重要的准备工作。

此时忌讳对孩子这样说："别傻了，你在写作方面一无是处！"

此时忌讳这样做（假设此前你的女儿艾米刚告

诉你她想做律师）：孩子跟你说过自己的打算之后，你就立刻兴奋得无以复加，马上打电话一个个告诉你的朋友们，孩子立志要当律师。

这样做只会让艾米产生恐惧心理，她会后悔这么做，下次再与你分享自己的想法时艾米肯定会谨言慎行了。

而聪明的父母在得知孩子的打算之后，会先认真思考，稍后还会再跟孩子核实一下。例如他们会这样说：

"关于法律这个行业你的理解是怎样的？你这个打算是临时起意呢，还是你已经考虑得非常清楚了？"

家长要做的就是鼓励孩子进行仔细谨慎的探索，要传达出这一探索过程是一项长期工作的意思，告诉他们人生奋斗的目标不是一蹴而就的，而是需要时间耐心去寻找的。即使你发现孩子的兴趣来得快去得也快，也不能急躁。孩子们也是在尝试的阶段，你可以把这个阶段理解成是试衣服的过程——我们总要试过才知道衣服合不合身。所以，即使"试衣服"的过程有些繁琐，你也要保持耐心。对孩子愿意坚持下去的想法，你一定要陪着他们共同探索。

聪明的父母都知道，作为家长，陪孩子共同探索的过程是一项非常重要的任务。但是，有的家长往往就会觉得这一过程太过麻烦而希望赶快得出一个答案来。这样的家长需要尽快知道孩子想干什么工作，但他们却是为了自己、为了对这个问题特感兴趣的亲朋好友而完全没有为孩子考虑。因此，家长朋友们需要学习的就是在孩子探索职业道路的过程中成为有耐心的、为孩子考虑的父母。

此时忌讳这样说："她什么也不知道，她没有一点想法。"如果您的女儿艾米听到这句话，她就会陷入深深的自责。

此时可以这样说（充满信心地）："艾米正在努力地探索自己的道路，她现在正尝试着几种自己比较感兴趣的事情。"

家长要向孩子传达自己对他们非常有信心的信号，要告诉他们青少年时期做出这种决定（例如当律师）非常正常，也非常合情合理。千万不要耐不住性子，急于求得一个答案。须知职业发展方向这个问题非常复杂，是建筑在人生理想、未来自我设想以及自我认知这些基石架构的体系之上的。我们需要一块一块地将基石垒起才能得到最终的答案，而垒砌这些基石的方法则有很多。

聪明的父母都知道，作为家长，陪孩子共同探索的过程是一项非常重要的任务。但是，有的家长往往就会觉得这一过程太过麻烦而希望赶快得出一个答案来。

家长朋友们需要学习的就是在孩子探索职业道路的过程中成为有耐心的、为孩子考虑的父母。

第一章　培养孩子的追求，帮助其自我定位

你对人生理想的了解有多少？

◎ 人生理想绝不仅仅只是希望和愿望。人生理想是一幅关于"你想成为一个怎样的人"的设想蓝图。这幅图画上的目标就是帮助我们成为人生理想的缔造者。

◎ 证据显示，青少年的人生理想对其学业成绩、职业选择、工作报酬都有影响。人生理想是帮助青少年珍惜光阴、集中精力、绘制人生美好图景必不可少的工具。

◎ 父母寄予的厚望正是支持和维护青少年人生理想的根源。对于广大青少年来说，无法得到来自父母或老师的支持和厚望会令其缺乏人生理想。

◎ 在支持孩子从小就树立远大人生理想的文化背景下，即使出身贫穷，孩子也能有出色的表现；而在并不看重个人成就的文化背景下，孩子就无法欣欣向荣。

本章背景资料来源：牛津大学父母与家庭研究院儿童与亲子教育研究中心 2005 年研究报告。

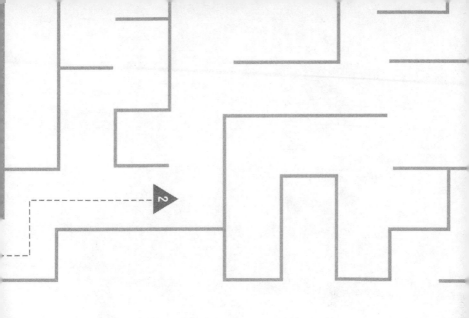

第二章
父母应该了解的青少年择业思维常识

汤姆今年 16 岁了，他目前面临着毕业前最后一年
该选择哪些课程的问题。之前他的学习成绩还算不错，
他现在是想继续学习自己喜欢的历史和古文两门学科，
而且将来上大学他也想主修这两个科目。但是，汤姆的
父母却想让他学习数学和会计学。虽然汤姆这两科的成
绩还不错，但是他并不喜欢学这些。汤姆父亲对此的建
议是："有个商学位将来在商业领域会非常吃香。你应
该选修商学位。"

那么在这个案例中，汤姆父亲的建议是否正确呢?

即使是那些暂时看来没有什么前途的专业和课程，
家长也不可不顾及孩子的兴趣，一味忽略。

如果把这个问题抛给任何一名专业的职业咨询师，那么几乎可以肯定，得到的答案将是否定的。原因何在？这是因为对于一个像汤姆这样的年轻人来说，若是选择了一个自己不喜欢的专业，那么可能坚持不了多久还是会放弃的；更有甚者，也许连最初的阶段都坚持不下来，过不了几天就会打退堂鼓。或许对于汤姆这个年纪的孩子来说，历史和古文这类文科专业带来的发展前景还不那么立竿见影。但是我们一定不能忽略青少年对于学习自己感兴趣课程所有持有的热情和享受心态，以及在该领域内取得成功的强烈渴望这两点重要因素。当今社会中，无论是电工还是股票经纪人，任何行业里的最高收入阶层往往有这样的特点，那就是首先非常热爱自己所从事的行业，其次是确实有一定的天赋和能力。

处于父母高压之下的孩子往往更容易接受身边听到的建议和看得见的选择。这种孩子的择业思维方式有很多种，而且还会受到不同因素的影响。本章着重解读这样一些实际案例中所包含的思维方式。

想做什么与应该做什么的冲突

通常对于前来咨询我的青少年我都会问以下这个问题——为什么会选择自己偏爱的专业。在很多案例中我都发现，孩子的心里其实早已有了答案，他们感觉得出来哪些专业适合自己；但往往因为别人不这么认为，所以就放弃了内心的想法。1998 年的时候我曾经研究过高中生毕业前一年择业思考的整个过程。通过这一调查结果，我们就可以解释为什么会出现这些来自他人的影响，以及这些影响是如何发挥作用的。下面就是这个调查中的问题。

问题一："如果我的选择范围能再广一些该有多好……"

我向一组快毕业的高中学生提问，请他们回答自己以后想做什么工作，以及第一份工作想做什么。问这个问题是想了解到孩子们的理想和追求，还有就是关于如何达成目标他们有什么具体的想法。

问卷中有一道题是这样的："请问你是否能够从事自己真正喜欢的职业？"回答这个问题的时候只有 1/4 的学生给出的答案是想要做的和应该做的工作相一致，16% 的男生和 41% 的女生相信自己今后的工作就是最想做的，70%的男生和41%的女生则不这么认为。也就是说，参与调查的大部分青少年都认为自己无法从事真正想做的职业。而且尤其令人关注的是，大多数学生认为自己不可能从事的理想工作都是一些平凡岗位，只有很少一部分人认为不可能从事的是像宇航员、超级名模这样知名度高的好工作。

例如，杰森心中的理想工作是警察，丹尼尔最想在红十字协会工作，但他们两人都觉得自己应该去做会计师；卡尔想当一名生物学家，但他认为自己该干的是律师这一行；陈说他真正想做的是信息技术专家，但是他还是打算培养自己成为一名审计员。测试中大部分青少年选择从事的行业都不是自己真正喜欢的，为什么会出现这种情况呢？对此，学生给出的普遍解释是这样的：

"这份工作发展前景好。"

"干这个能有好前途。"

"是我父母让我从事这个行业的。"

换言之，和本章开头提到的汤姆一样，这些孩子选择职业的时候都不是根据自己的意愿，而是受了他人的影响。这样一来，孩子的选择范围等于是被限定在了一个固定的区域内，而原本能够激励他们努力学习、取得满意成就的那些选择就被忽略了。

问题二："是什么令你选择了这一职业?"

问这个问题的目的就是调查孩子的选择是否是出于自己的意愿，即是否出于自我认知、自我了解，还是受到了外部力量的干预——比如说是受到来自同龄人、父母和一些宣传材料的影响。

调查结果显示，女孩子更明显是出于自己的意愿，也就是女孩子往往是考虑到自身能力、兴趣和特长而做出的选择。调查中很多女孩子都能够清晰地描述出自己的爱好或是喜欢做哪些事情。现将她们的回答引述如下：

"我对写作和媒体行业非常有热情。"

"我喜欢艺术，还喜欢做些小东西。"

相较之下，男孩子当中能这么清楚描述自己爱好的就少得多了。男孩子们的选择多是出于外部力量的影响。这些外部力量中包括看到过的宣传材料、自己的同伴和父母的意见，还包括工作的报酬、发展前景如何。男孩子的回答往往是这样的：

　　"我在书上还有电影里看到过对这种工作的描述。"

　　"这份工作能挣大钱。"

　　"干这个有前途。"

　　同样，当被问到所选职业中有哪些吸引自己的部分时，女孩子们的回答多是自己喜爱并且能够理解该职业；而男孩子很少有这么说的，他们大多描述的是自己印象中一份工作的相关待遇——像是薪水高低、有无商务旅行或是是否有保障，并且，很多男孩子还主动坦白说，其实自己的选择与是否喜欢无关。

　　通常说来，女孩子在调查当中表现出来的是更清楚自己想要做什么，并能明确指出其中吸引人的部分。这就是说，女孩子的人生理想已经非常成熟了——她们不仅能够描述清楚，还进行过初步的探索。可以说女孩子已经踏上了她们的圆梦之旅。而男孩子这边呢，从整体上来讲，他们不太了解所选工作的具体内容及其吸引自己的地方。这样看来，男孩子的选择多是受到了他人的影响。

　　这一调查结果给我们提出了一些值得注意的问题：

是不是我们对培养男孩子人生理想做得不够，而又对代表保障性、薪水和地位的能力太过于强求了呢？是不是我们作为家长，太过压制他们的想法，太想对他们施加家长权威了呢？再进步一地说，是不是我们在帮助男孩子培养自我规划方面做得不够？

从初等教育到高等教育的每个阶段里，女孩子的表现都比男孩子要好。这似乎是个放之四海而皆准的事实。或许这是因为培养、鼓励女孩子追求人生梦想的时候，家长们并没有期望她们将来能挑起养家糊口的重任。要是这么说的话，是不是女孩子的成功里也有家长帮着扫清路障的成分？但如果女孩子的发展将来超过了自己的配偶，那么社会是不是也会要求她们承担起整个家庭的经济重担呢？要是这样的话，似乎又有些自相矛盾了。

反过来说，如果男孩子没有选择自己真正想要从事的行业，那么是否意味着他们就不是朝着取得更大成就的方向努力呢？不管事实情况是否如此，我们也要把这种可能考虑进来。也就是说，我们也要鼓励男孩子加深对自我的认识，要鼓励他们找寻属于自己的人生目标。这样不仅能激励他们取得更大进步，还能获得更大的成就感。虽说这种自我认知的过程对有些青少年特别是对男孩子来说挑战更大，但最重要的是培养他们坚持不懈、努力向前的精神。

谈了这么多，请你记住：无论是男孩子还是女孩子，作为家长你的任务都是相同的，那就是在孩子需要帮助的时候及时地伸出援助之手。

职业选择思维技巧及其作用

对于面前各种令人眼花缭乱的发展道路，很多青少年都不知道从何下手，但又感觉自己不得不从中做出选择。也就是说，孩子们已经明白自己有进一步深造的必要，也有参与其中的意愿，但却不清楚该选择哪条路。要找到这个问题的答案就要靠孩子自己的力量了，只有加深自我认知，靠内心的指南针才能为其指引正确的方向。刚开始的时候，孩子内心的指南针也许尚未成形，只有个模糊的大概形状。但如能对自己的长处、意愿有一定的了解，如能知道自己在哪些领域比较擅长或是有哪些一技之长，并对这些能力很有自信，那么此时孩子内心的指南针就能发挥作用，为他们指引方向了。以下这张图表里反映的就是此过程中涉及到的相关方面。职业抉择金字塔中最重要的组成部分就是最底层，其中自我认知与职业认知这两个对应的方面是最重要的一对。①

职业抉择金字塔

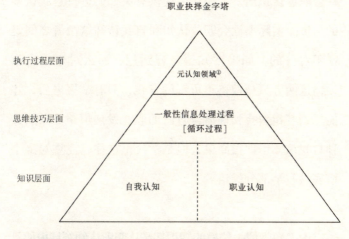

执行过程层面

思维技巧层面

知识层面

资料来源：详情请见：www.thomsonrights.com
汤姆森国际图书公司下属分公司沃兹沃思出版社授权使用
1991 年出版的《从认知角度解读职业发展与职业发展服务》
作者：盖瑞·W·皮特森
　　　詹姆斯·桑普森
　　　罗伯特·里尔登

（1）知识层面——择业基础阶段

在职业抉择金字塔中有一项是自我认知。自我认知处在金字塔最底端的左半部分，也是良好决策的基础。底端右半部分是与之同样重要的职业认知，是对社会工作的认识。自我认知与职业认知这两者组合在一起就是形成良好职业决策的基准线。

_____

① 元认知就是个体关于自己的认知过程的知识和调节这些过程的能力。其实值是对认知活动的自我意识和自我调节。

大多数学校中传授的知识都是从职业认知领域内的社会职业认识出发，而很少提供有关如何进行自我认知的培训。实际上社会职业认知和自我认知这两者之间是密不可分的。如果不知道怎样运用，那么对于学生来说，这两者只是神秘不可解的存在，只有掌握之后，才能凭借其指引找到最适合自己的职业发展道路。虽然这种自我认知培训很简单，但是学校里往往只注重对金字塔底端右半部分的培养。

大多数学校中传授的知识都是从职业认知领域内的社会职业认识出发，而很少提供有关如何进行自我认知的培训。实际上这两者之间是密不可分的。如果不知道怎样运用，那么对于学生来说，这两者只是神秘不可解的存在。

最近有一项研究成果就能很好地解释这种矛盾产生的内在原因。越来越多的青少年都表示，学校指导老师发下高等教育宣传材料之后便撒手不管了，他们只得靠自己去逐一解读，这样做令他们非常不满。要知道青少年需要的绝不仅仅是那些看上去挺吸引人的小册子，那上面的内容无非是千篇一律地吹捧选择推荐的课程或职业就能如何开心地捧上个金饭碗。

（2）高级职业选择思维技巧

金字塔的第二层便是择业技巧，这其中包括沟通能力、分析能力、推理能力、预估及执行能力（循环）。指青少年面临择业时首先需要运用这些技巧对自己和适合从事的职业进行具体分析和研究，进而将得出的结论进行对比、排列和评估，从中选出最为重要的关键点，然后采取行动实现所定目标。但问题就在于这些能力不是天生就有的，没有人从旁指导青少年也无法掌握。

▶ 沟通技能与青少年的理解力相关。就是说青少年能够清楚地知道目前面临的问题以及解决该问题的必要性，也即是应该意识到需要做出抉择。

▶ 分析技能则涉及到以下环节——提问、收集信息、反馈并完成整个抉择过程。例如，青少年面临的一个难题其实可以这样简单地理解——明年我要做什么？明确了这个问题，他们就可以循着这个思路继续进行以下这些自我提问：

——我要不要先歇一年？一年之后我应该做些什么呢？

——歇一年的话这一年应该怎样度过？我的朋友里是否有人也会歇一年呢？要是歇了一年我就比

他们落后了，这种落后的感觉我能接受吗？这一年我的男朋友、女朋友要怎么打算？

——如果上大学呢？上大学的话我该学什么呢？我对社会工作比较感兴趣，以后我真的想要从事这一行业吗？是不是还应该再了解一下其他的专业？会不会我选择社会工作是因为我对其他行业不了解呢？

——等到真正了解自己想要什么了再选择会更好吗？什么时候我才能了解自己的想法呢？

▶ 一旦手中积累了足够的信息，青少年就可以进行下一步也就是推理过程了。这一过程即是对信息的整合及处理，目的就在于找到解决问题的方案。经过排除，最终可以将那些适合自己的保留下来。通过筛选即可将解决方案的数量进行简化。

此过程中青少年的思维过程示例如下：

——我决定取消中途歇一年的计划。

——我认为明年应该上大学。

——该选哪个专业我已经考虑得很清楚了。我姐姐有个从事社会工作的朋友，跟她交谈之后我确定自己对这个专业是非常感兴趣的。

——我已经看过了很多专业的介绍资料。和其他的专业一比，我还是喜欢社会工作，我对其他专业不怎么感兴趣。

——我会这么想就意味着我应该选择Y专业。

▶ 进行到预估阶段的时候，青少年就要以自己的价值观对所有可能的选择进行考虑，进而思考这些选择可能对自己的人生、朋友和家人带来的影响。在这个思考过程中，他们会试图通过喜好程度对可供选择的选项进行排列，然后从中挑选出最佳的一个。

此过程中青少年的思维过程示例如下：

——我的朋友里大多数人都学的是Y专业，如果我也选了它就能跟他们在一块儿。

——再说申请住宿也不是特别难。

——想回家的时候随时都能回来，在家的时候我还可以在附近的商店里打些零工。

——跟当老师相比，我更喜欢社会工作。

▶ 最后的一个阶段就是执行层面。青少年此时的任务就是要明确如何才能达到自己的目标了。也就是通过这一过程，青少年要确定如何有顺序地、合理地采取行动、达成目标。这其中还会包括一个帮助他们积累经验的尝试性阶段。

此过程中青少年的思维过程示例如下：

——好吧，我就决定选Y专业了，先试试他们"做一日学生"的体验计划，我可以在社会服务系旁听一些课程。我这就去看看这个专业是不是适合我。

——我还可以一边听课一边打听一下住宿的事情。

——我已经查过相关申请的时间表了，现在时间还有富裕，申请专业和申请住宿可以同时进行。

连接契合点

处于青少年时期的孩子们每天都在经受着头脑风暴，接受大量层出不穷的新鲜观念，要选择出适合自己的职业对他们来说绝对是件技术活儿。由此我们就不难理解为什么会有这么多的人觉得职业抉择难上加难了。其实十七八岁的青少年只要能了解自己想干什么，并且知道怎样达成这一目标就可以了。对于这么大的孩子，家长要帮助他们逐渐了解自己，走出自我认知的迷茫，一点点尝试新的角色，认清未来奋斗的方向。

但是，现实情况却是很多青少年还没有准备好迎接这个过程，他们还需再进一步加深自我认知，还需要学习一定的处理过程的技能，以帮助他们好好利用现有的信息和经验。除此之外，这些青少年还需要锻炼调查研究的能力，分析与自己的技能和兴趣爱好相关材料的能力，以及以实际行动达成目标的能力。如果是对此过程不熟悉或是不知道需要有怎样的技能，那么要想把这些因素之间的契合点连接起来可就不那么容易了，那就只能在迷茫中等待拨开云雾见光明的那一天。

拨开云雾见光明

很多青少年都因为觉得自己无法做出正确的职业抉择而懊恼不已。这是因为其他人的职业决断往往是拨开云雾就能看见光明。这些人很早前就知道自己想要的东西，25岁之后他们很可能还在追求这一尚未实现的目标。一直以来他们都在追求同一职业道路，并为自己如此坚定不移感到满意。他们对自己的认知非常清楚，有的人甚至是从幼年时期就明确了成人后应该从事的具体工作。可以说这种人内心的力量异常强大，心中的指南针完全发挥出了作用。也许阅读此书的各位父母就是这样的人，所以你也就很难理解孩子不能做出决断的原因了。

费利西蒂的目标是成为一名心理学家，她心目中理想的工作是解梦和进行人类大脑研究。她是这样说的：

"我觉得研究大脑功能这项工作很不错——我对人的情感和感觉系统的工作原理特别感兴趣。我希望通过与因事故造成大脑损伤的人相处来进行研究，研究类似的案例也可以。我在学校里学得最好的科目一直都是理科，同时我也非常喜欢跟人打交道。我觉得自己很幸运——我的父亲和我的姐姐都是从医的，所以我就有机会接触到我感兴趣的行业，并且从中学到知识。

● 一定要将个人能力与孩子职业发展兴趣的契合点连接在一起。

费利西蒂的目标是成为一名心理学家，
她的家人都很支持她。

她希望通过与因事故造成大脑损伤的人相处来进行研究。

同时她也非常喜欢跟人打交道。

她的父亲和姐姐都是从医的，所以她从小
就受到医学的熏陶。

费利西蒂就是拨开云雾见光明的典型代表。她知道自己想做什么，还清楚自己为什么会做出这种选择。换言之，她已经将个人能力及职业发展兴趣的契合点连接在了一起。从费利西蒂的案例中我们可以看出，家庭对某些行业的选择影响是非常巨大的。有了家人的模范作用，青少年在面临抉择时难度就会降低很多。费利西蒂成熟的职业观就来源于她和家人同样的兴趣爱好和职业认知。就我个人而言，我也遇到过在父母从事农业的家庭中，孩子也想做农夫并且清楚自己选择原因的案例。

虽然有时这种情况不见得绝对化，但还是有大量案例存在的。这就使很多无法做出决定的青少年感到十分挫败，他们会产生为何自己做不出选择还面临巨大困难的疑惑。这就离感觉自己无药可救、陷入深深自责的危险境地不远了。面对这种情况，父母就应该帮助孩子们摆脱挫败感。你可以告诉他们大多数人都会有这种经历，并且鼓励他们说："别着急，你也一定能找到属于自己的灯塔。"

（2）云雾笼罩，不见光明

另外还有一种类型的青少年择业问题。而且根据我的经验，虽然这种情况并不多见，但这一小群体确实存在——他们往往爱好广泛、多才多艺。这种青少年成人之后也许还会这样说："我喜欢我的工作，但是其实我从来没觉得特热衷于什么事情。"青少年时期他们也曾经历过择业的困惑。他们的众多才艺实在是平分秋色，没有哪一项特别突出。虽然有这么多的才艺，但将来也不可能令他们在工作中脱颖而出。这对于一个青少年来说确实是一个不小的难题。

对于这一类型的青少年而言，通过发现一技之长来寻找职业发展道路是行不通的。要想做出职业抉择，只要从众多爱好中选择一个然后深入发展就可以了。也许再长大一些他们才会了解到，最适合自己的工作必须要等融合了所有工作经验之后才会出现，或干脆就是出现不了；而且，甚至有可能这些人真正感兴趣的不是工作，而是其他的事情。

错误抉择带来的后果

到了高中的最后一年，青少年就必须要做出初步的职业选择了。这是他们发展规划大计的第一步，对今后人生的影响十分巨大。初步决断并不需要成为最终的职业选择，但起码要使青少年感觉自己正在朝正确的方向前进。

如果青少年选择的高等教育进修方向自己既不喜欢又不合适，那就会付出惨痛的代价。在很多国家，大学新生的辍学率之高、取得毕业文凭的成功率之低都引起了广泛关注。虽然在经济合作与发展组织①的成员国内，大学新生能够坚持到毕业的成功率略有不同，但平均下来只有 2/3 的学生能够顺利毕业，剩下 1/3 的学生离开学校时未能完成学业。2006 年，新西兰和美国大学生的毕业率就只有 50%。然而，政府部门更希望将公众的视线引导到高等教育扩招成果上面，所以这种数据一般不会广而告之。但是，这些数字确实能反映一部分人的真实情况。即使学生们决定中途辍学的原因各有不同，但是对职业、专业的错误选择绝对在其中占有很高的比例。这种错误的决断带来的不仅是财力物力上的浪费，更会对学生产生极为消极的影响。

在所有消极影响中，最糟糕的一种可能就是自信心的丧失了。没有自信心的支持，学生们在完成学业的过程中就会毫无兴趣可言，既看不到目标，又得不到满足感。在无意投入学习的情况下他们甚至有可能索性放弃

---

① 是一个政府间跨国机构，现有 29 个成员国，几乎吸收了所有当代发达国家参加。——译者注

学业。这种做法会令他们落后于自己的朋友，更无异于是前进道路上的倒退。即使是重新再考虑其他选择，他们也很有可能还会陷在自责中无法做出正确抉择；而且如果下一个决定依然是匆忙应付差事、无法尽如人意的话，后果依然会是自卑和失望。长此以往就会形成一个恶性循环——最初的失败导致孩子全盘皆输，只想放弃了事。这种后果或许就是陷入职业迷宫中无法脱身所带来的最恶劣的影响了。一旦出现这种情况，各位家长一定要帮助孩子重拾信心，重新出发。

青少年的职业抉择受哪些人的影响?

青少年职业抉择系列问题的下一条就是青少年的职业抉择受哪些人的影响？把这个问题引入研究之后我发现，得出的结论与该领域其他相关研究成果颇为相似，影响最大的首先是父母，其次是同龄人。令人注意的是学校中配备的职业指导老师对孩子们的择业影响反而很小，在整体排名中尤其靠后。所以，我也建议各位家长朋友不要完全依赖这些指导老师。他们虽然会尽全力帮助你的孩子，但是毕竟他们对孩子的了解远不及你。

虽然学校里的职业咨询教育和辅导也会根据学生的具体情况分为不同等级，但是无论如何，学校也无法像家长那样有机会、有能力培养孩子的自我认知和自信心。所以可以说父母的影响力是最大的。

假如你有"我的孩子可不会听我的"这种想法就错了。调查结果显示，遇到职业抉择上的疑难问题时，孩子一定是会听取父母意见的。作为家长最重要的是认真投入角色，听取孩子的倾诉。本书也希望通过帮助家长发挥出最大的影响力来达成这一目标。

你知道帮助青少年走出职业迷宫的方法有哪些吗?

◎ 与过去相比,现如今青少年的择业范围和培训机会大大增多了。从本地到本国再到国外,选择面正不断拓宽。这种情况对他们来说也是一把双刃剑。

◎ 成百上千的选择机会层出不穷又时隐时现,这样堆叠起来真可谓是一个巨大的迷宫。

◎ 现在的职业培训也是种类繁多,有在职培训、行业教育培训、见习学徒、高等教育、工业大学、技术院校、社区学院、私营商业和专业培训学校、军校培训,等等。

青少年语录

"我现在最大的问题就是太多选择挑花了眼,要是一样样去研究,从时间上来说就不太可能……我父亲也这么认为,他说他那个年代的人根本没有什么选择的余地,但是到了我这儿却成了挑花了眼。"

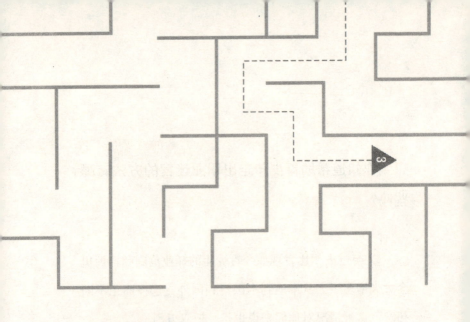

第三章
职业抉择中父母的职责所在

在青少年的择业问题上，专家学者的意见是一致的，也就是父母对孩子的影响不可估量。大量研究成果表明，我们的职业发展道路始于幼年时期，在父母、家庭和人生经历的共同影响下逐渐形成。这种互动型作用方式对于孩子如何看待世界、如何理解其中的机遇有着极大的影响。

早期家庭关系对孩子择业观的影响

家庭成员之间如能形成稳固亲密的关系就会使孩子产生安全感，这种安全感能帮助他们在面临风险时敢于应战。我们不妨来探讨一下父母的哪些行为会对孩子的择业观产生影响。仔细想想就不难发现，在父母与孩子交流、父母当着孩子与他人进行交流、父母有意或无意教给子女人生经验时，父母的言行、观念都会影响孩子的择业观。孩子正是通过吸取这其中的大量信息，然后才构建起了自己的职业观。

孩子关于某些职业的初步认知都来源于他们的父母。这些早期的认识是培养职业信念、兴趣爱好以及选择职业目标的根基。

家庭关系对青少年职业发展和心理状态的整体影响

家庭关系的经营状况对孩子的择业心态有很大影响——这决定了孩子是否有能力果断采取行动追求已经确定好的职业理想。成员关系有序、稳定、紧密、互动性强的家庭是很有前瞻性的，在这样的家庭中成长起来的孩子会有很好的择业心态。在这样的家庭里，有一种鼓励大胆表达自己看法的氛围，成员间处理起矛盾来也较为积极，并且能够做到共同促进、共同进步。如果家长善于交际，也能将自己的孩子领入更广泛的社交圈子。不仅如此，这些家长还会经常在孩子面前谈起如何做抉择这个话题，因此其子女就能更好地了解抉择的整个过程。在这样一个成员关系紧密亲近、交流频繁的环境里，家长会鼓励孩子更加独立地成长。引用来自一份调查研究的结论——日常交流积极有效的家庭是对孩子成长最好的礼物。

这样的家庭或许听上去有些太过理想化，太难实现。但是按照上述描述经营家庭关系的父母的确能够帮助孩子变得更加独立，也能为其将来的成功打下良好的基础。这样的家长还会有意或无意地向孩子传授有关解决矛盾与沟通技巧的观念，帮助孩子建立一个良好的开端。

父母向孩子传授职场观念和经验、培养其兴趣爱好的方法有很多种。家长可以通过采取讲述自己职场经历的方法帮助孩子了解你的工作，让他们通过你处理工作的技巧来了解职场的运作概念，并启发孩子今后在工作中应对相关问题的能力。这些信息虽不正统，但是却能很好地帮助孩子进入角色。

　　青少年初入职场时都会有不同程度的焦虑心理，做家长的可千万不能轻视这一现象，此时要给予适当指导，但是也不能居高临下地摆出一副专家的姿态来教训孩子；你也要适当描述曾经有过动摇的艰难时期，并表现出自己的困惑。不过，关键一点是你最后战胜了困难，以积极有效的方式化解了所有的难题。聪明的父母知道何时应当抓住机会给孩子灌输自信，同时培养他们在困境中不轻言放弃的信念。

　　凯利是一名大学三年级的商科学生，学习的专业是职业发展管理。课上讨论如何应对职业发展危机的时候，她突然意识到自己还从未真正遇到过什么危机，从小到大都是在父母的羽翼保护下成长的。即使真的出现情况，父母也总能抢在凯利前面把路障扫清，他们会把所有事情的难度降至最低再呈现在孩子面前。凯利长这么大从来没有做过一份兼职工作，即使是上了大学之后也没找过一份差事。虽然凯利也觉得很感激父母的做法，但是她也承认，即便到了 23 岁，她还没有变成自己想象中那个独立自信的个体。一想到一年后即将大学毕业，自己 24 岁的时候要以完全没有社会经验的状态去应聘工作，凯利就觉得发自内心的恐惧和没有信心，她认为自己没有能力单独完成这一重任。这么一想，凯利觉得自己和同龄人相比处于劣势。

凯利从小到大从未遇上真正的麻烦。

即使真的出现情况，父母总能抢在她前面把路障扫清。

虽然凯利很感激父母的做法，但是她也承认即便到了23岁，
她还没有变成自己想象中那个独立自信的个体。
一想到一年后即将大学毕业，凯利就觉得发自内心地恐惧却没有信心。
她认为自己没有能力单独完成这一重任。

凯利的父母对她的帮助就是过头了。像这样的家长，在帮助扫清障碍的同时也把能锻炼孩子的机会一并扫除了，而那些扫除的"障碍"原本是锻炼其独立处理问题的能力、增加自信的最佳时机。同样一个道理，父母过于消极、不想施以援手的态度也会伤害到孩子，令他们丧失自信，变得疑虑重重。

如果青少年抱有"我将来没有能力自立"的心态，那么这对他们的发展绝无半点益处。你要做的就是使他们相信自己有能力应对青少年时期出现的所有问题，还需要给他们锻炼和成功的机会来证明自己。

为人父母，如何与青少年就职业问题进行有效沟通

父母与孩子之间的互动是否良好，将会产生巨大的影响。本小节中将着重讨论父母与子女的沟通模式。在此之前，各位家长不妨先仔细回想一下，都是在什么情况下你从你的父母那里曾经听到关于你的评价？如果没说错的话，这些评价大都是在日常交流中不经意间产生的。由此我们可知，虽然对孩子的未来表达关注很有必要，但是如果家长只限于表达关注而已，那么在孩子眼中，这种关注的表达就是一个令人紧张的话题，他们就

会尽可能避免跟家长谈到这个话题了。

而令人感到放松的职业发展对话的确是在父母与子女间建立好紧密联系的情况下进行的。只有这样，孩子才会愿意与你共同探讨他们的职业发展。这种在轻松氛围下进行的谈话能够帮助加深青少年的自我认知和职业认知。但是，如果你子女众多的话，就请记住，永远不要对孩子们进行比较。兄弟姐妹之间其实存在着一种互相竞争、互相挑战的微妙关系，在某些家庭当中，甚至形成了一个对比的平台，这样做产生的影响虽然很大，但是也会走极端——要么是在对比中争相进步，要么在对比中共同消极退步。因此请各位家长牢记，每个孩子都有自己与众不同之处和属于自己的发展道路。

要想悉心呵护孩子的梦想，手上的力道就要拿捏恰当。青少年的职业观是通过与父母和家庭成员的沟通形成的，只有正确的沟通，才能为他们打下立志进取的良好基础。作为家长，你可以令这种沟通变得简单有效、催人上进，也可以通过稳定舒适的沟通方式帮助孩子们拿出勇气以应对未来可能出现的种种挑战。这里的关键词就是"舒适轻松"的谈话环境。谈论职业发展时不要让气氛过于紧张僵持，家长应保持耐心，不要太过强势。

这里的关键词就是"舒适轻松"的谈话环境。谈论职业发展时不要让气氛过于紧张僵持。家长应保持耐心，不要太过强势。

在当今社会职业发展复杂多变的大背景下，父母需要做的就是培养孩子应对变化和选择的信心与能力，帮助孩子发现自己的一技之长。对青少年来说，自信地迈出职业规划的第一步只是一个开始，更重要的是要长期坚持职业发展的思考和探索，坚定自己一定能够不断进步的信念。

青少年职业发展道路上迈出的第一步是至关重要的。如果第一步就不顺利、很难做出抉择的话，那孩子很容易就会失去信心，陷入深深的自责，最终变得无所适从。这种自我怀疑就会降低奋斗动力，阻碍前进的步伐。

聪明的父母会赠与孩子两样无价之宝——对孩子的未来寄予厚望和相信孩子将来有能力生活得幸福。通过鼓励的话语与乐观的心态，父母就可以向孩子传达未来充满希望的信念。像

"我相信你的能力，所有问题一定能迎刃而解"，"继续努力，你一定能行"

这种鼓舞人心的话就很有用处，这能让孩子们明白职业发展不是一时之功，也不可能一蹴而就。为了不打击孩子的积极性，家长此时格外忌讳以下诅咒性的言语：

"除非你这样做，否则永远也是一事无成。"

聪明的父母会赠与孩子两样无价之宝——对孩子的未来寄予厚望和相信孩子将来有能力生活得幸福。

作为家长，在孩子将要迈出重要第一步时的基本任务如下：

- 帮助孩子减缓焦虑（而不是火上浇油）；
- 让孩子知道外面的世界很精彩，个人的发展空间很广阔；
- 用行动和语言表明你对孩子未来成就的信心；
- 帮助他们解读市面上有关职业发展的海量信息；
- 孩子即将入学时，与学校和其他教育机构（大学、学院、专业咨询师等）互相协作，共同制定适合孩子的入学计划。

以上罗列了这么多家长的重要职责，其中最重要的一条就是发现孩子的潜能。在我接触到的青少年当中，有很多孩子其实很有潜力，他们表达能力强、热情洋溢、乐观积极，然而只是因为还没有找到适合自己的道路，他们的父母就只会一天到晚地着急上火。对于这种家长，我的回应一般是这样："您到底急什么呢？您的孩子看着多好啊。您放心，将来他（她）一定能在职场上闯出一片天地的！您得相信自己的孩子啊！"

话又说回来，作为家长，我们会着急上火、会这么操心也不是没有理由的。因为一旦孩子太长时间犹豫不决、做不出决断的话，就会失去信心和奋斗的动力，还会因为觉得自己落后于同龄人而整天烦躁不安。

细心呵护孩子的梦想还包括为孩子排解疑难，就是要加强他们最终一定能够达成目标的信心，就是相信他们的能力，就是在过程中适时伸出援手。同时，家长还不能把自己的焦虑失望在孩子面前表现出来，还要保持足够的耐心。

在家长所有职责当中最重要的一条就是：发现孩子的潜能。

留出些时间仔细考虑一下你从孩子身上能发现哪些潜能，这些潜能就是那些正处于萌芽状态的特长、天赋和能力，具体来讲就是指像善良、体贴、乐观这样的品德，像是具有经济头脑、在音乐方面有才华或是通晓各种体育运动等。现在就请你把想到的写下来，并尽量使你的描述贴近你孩子的特点。之后请你写下发现孩子有这些潜能的时间和地点，并用具体事例描述当时的情形。请做到实事求是。

孩子的特长、才华、潜能有：

发现这些潜能的时间、地点：

写完之后，请把这页内容展示给孩子，和他们一起讨论一下，看看有没有什么遗漏。

跟孩子进行这样的探讨对他们的帮助是巨大的。首先，这能帮助孩子了解自己有哪些特长、才华和潜能；其次，孩子可以透过家长的视角更清楚地看到自己，这能使他们对自己的能力更有信心；最后，他们还能通过这种方式看到各个特征与对应发展领域间的内在联系，认识到自己的潜力只是尚未发挥出来，并且找到如何迈出关键第一步的要诀。

观察孩子的时候你千万不能只注重他们的缺点和过失，以及那些没能达到你期望值的表现。这种时候就是要忽略孩子身上的所有不足。举例来说，或许孩子的房间总是乱七八糟没法保持整洁，或许他们不爱干家务或者不爱做作业，又或许他们不善于理财。无论如何都请你记住，在讨论未来发展计划的时候，要把他们当成是一个成年人，一个有工作、对社会有贡献的人来对待；还要请你帮助孩子加深对自身特点以及与之对应的发展方向的认识。

聪明的父母在此时会选择将孩子在家里的表现暂时放在一边，只去寻找那些长远看来有发展前途的潜能。他们会这样考虑：

"我的孩子是否善于创新？"

"他们是否善解人意？"

"他是否具有领导才能以及影响力？"

"他动手能力是不是很强？"

"他思维和操作能力呢？"

"他是不是天生就适合做企业家？"

"有没有哪个兴趣爱好能吸引他的全部注意力？"

　　你需要留心观察的是孩子潜能的各种表现以及他们兴趣爱好即将萌芽的征兆。孩子们的世界很小，很多青少年都不知道或者不了解将来自己参与的工作需要哪些技能以及可能涉及到哪些具体内容。要把孩子的这些潜能彻底挖掘出来就要令孩子具备坚定的自我信念。你可以这样说来鼓励他们：

　　"你一定有办法自己解决问题。""你一定会成功的。"

让孩子们坚信通过勤奋努力和不断探索，将来一定能够取得成功。

　　请注意，你需要观察的是孩子潜能的各种表现。要

<u>把这些潜能彻底挖掘出来就要令孩子具备坚定的自我信念。</u>

父母在孩子面临职业抉择时可以提供哪些帮助？

在培养孩子的过程中，父母的职责和作用可归纳如下：

（1）教练

教练的职责就是帮助孩子把抽象的未来自我设想蓝图具体化，拟订出详细的执行计划。对青少年来说，什么是切实可行的计划呢？答案就是这个计划要把一个最初的想法变成一系列详细的执行步骤。教练的任务就是帮助青少年制定细分化的目标，然后督促他们一一践行。即使孩子拿不出一份完整的职业规划，教练依然能够根据这个孩子的特点挑选出将来最有可能用到的技能对他们进行专门培养。就算孩子的想法是"我以后想做跟人有关的工作"，教练也能把这一模糊不清的概念转变成较为清晰的目标——加强锻炼沟通能力和相关技巧。这就是家长行使教练权力时的职责所在（关于如何制定目标，在本书第七章中还将有具体的介绍）。

如果此时培养孩子的目标仅仅是帮助他们在与人沟

通时建立自信，那么更多时候，课堂发言能够更好地帮助孩子增强自信。例如，在课堂发言时，孩子需要鼓起勇气克服在同学面前讲话的恐惧心理，这样做对帮助他们培养自信有很好的帮助。

如果此时的目标是锻炼孩子在兼职工作中的人际沟通技巧，那么最好的选择就是让孩子在医院或者商店实习，这两处是锻炼人际沟通技巧的最佳场所。

最近在国内旅行的时候，我在一处小镇停了下来，走进当地一家箱包商店想买一个新的箱子。选好了之后，我把箱子拿到收银台。一位 18 岁左右的小伙子接待了我。这个小伙子一看就是个新手，收钱的时候旁边还有一位女士从旁帮助。

于是我问道："你是新学徒吧?"小伙子笑着回答说："对，我每个周末都在这里工作。"这时候旁边那位女士加入了我们的谈话，她说："我是他的妈妈，丹还在我们当地的一个农场里干活，但是在那儿没有什么机会跟人沟通。我觉得在这个商店里能锻炼一下他的沟通能力，所以我让他周末来这儿帮我。现如今每个人都需要和人沟通啊。"听了他母亲的这番话，我真心地赞美了他们良好的职业规划思路。

● 良好的沟通能力是每个孩子都需要的，也是可以培养出来的。

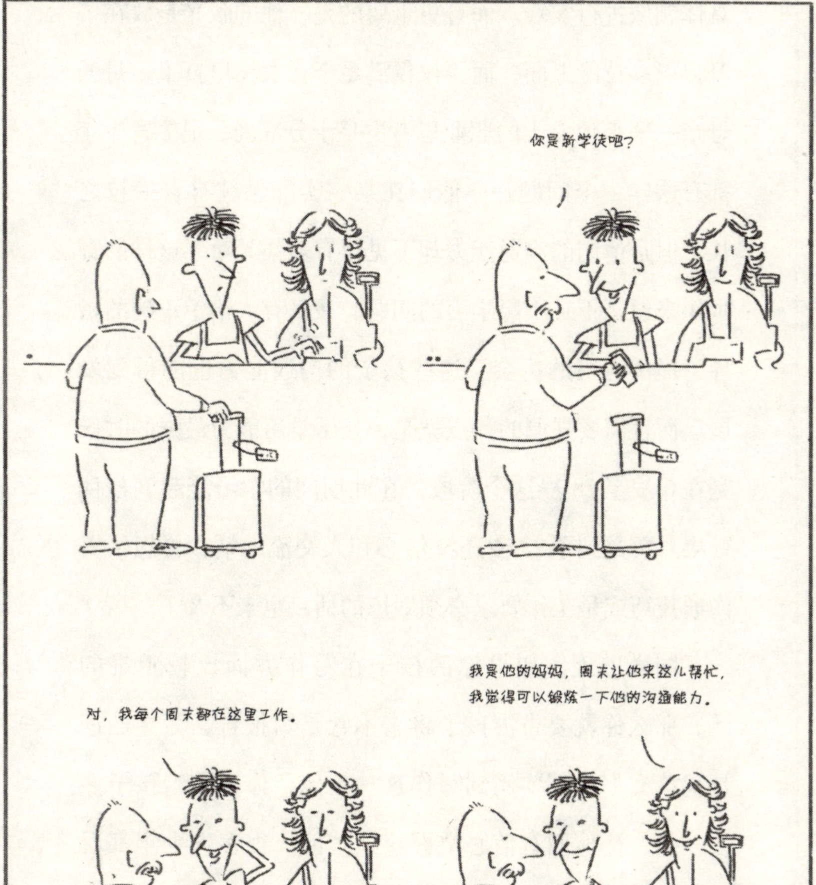

在这个故事，中小伙子丹正高兴地在自己喜欢的某一具体领域进行实践。而且更重要的是，他的眼光是放在了获得更多技能上面，而不仅仅满足于在农场里打工，丹的母亲——那位女士的职业思考更是十分准确。很多青少年都有这样一个问题——他们在某一实际领域有着一技之长，但是他们的沟通能力却不见得有多强。对于这样的青少年来说，不是不愿学习的问题。一旦有人给予正确的指导、提供适当的机会，这些孩子的沟通能力也能得到发展。而且需要强调的一点就是，孩子学习能力最强的时候是在 6 岁至 18 岁这个阶段，在此期间的学习能起到最佳效果。要是到了 23 岁还没信心和人交流的话，再想培养沟通技巧或是工作要求必须锻炼的话，也来不及了。

同样道理，如果你的孩子在写作方面比较犯难的话，那么你就要告诉孩子将来不管是写报告、写文档还是起草文书，都要用到写作这一技能，你还需给孩子多多鼓劲，让他们有信心掌握这项技能。很多青少年都看不到各个学科间的关联，而一位好教练、好家长就能从实际层面为孩子解读学校的学科规划——就是把生硬的规则转化成孩子能听得懂的语言。

作为家长，你还需强调思考、评估自身进展的必要性。这其中包括向孩子传授何为评判性思考（即对自我和自身发展的审视），教会他们如何配合课程学习计划或个人档案达成目标，协助他们了解如何将自己的特长融入到学习当中，以及这些技能将来能为自己带来哪些用处。自我评估能力在应对学业和考试时非常有帮助；同样，在职场生涯中，自我评估能力也是所有职业素养中最关键的一项因素。

也许你并没有意识到，在教孩子如何做计划、定目标、组织调动自己并且逐步达成这些目标的时候，实际上你就是在给予孩子支持、动力，并且在完成每一阶段目标的时候你也正像一名合格教练那样与孩子共同庆祝取得的胜利。

（2）代言人

代言人这个角色一般是指代表私人客户对付可能比较难缠的官僚份子和庞大机构的。代言人式家长的职责就是帮助孩子应对来自庞大教育系统的压力。虽然说青少年的目标应该是自助和自我引导，但是如能得到来自父母的帮助，帮他们应对复杂或是难以理解的教育系统，那么他们的获益将会更大。

这种家长代言人式家长的职责还包括帮助孩子做学年课程计划，进入理想中的班级上课；或者是帮助孩子做好准备，顺利通过培训课程、工业学院或是大学的入学考试。代言人式家长还需要替孩子解决程序上的繁文缛节，提前打听好所学专业的相关信息，甚至一些孩子不太敢打听的关键问题代言人式家长也要代劳——以上内容都是家长代言人的职责范围。青少年有时在遇到需要打官腔的时候会有些困难，这不仅会凭空浪费时间，还会令孩子失去信心。这个时候家长就可以作为一名代言人随时陪同左右保驾护航，但是各位家长也需要谨慎行事——切不可控制欲过强，事事代劳。

（3）园丁

园丁式家长不管发生什么都会陪伴在孩子身边，他们时刻准备着，一旦孩子遭遇失败就会前来救场，然后鼓励孩子鼓起勇气走向下一个挑战。园丁式家长的任务就是在孩子遇到困惑的时候适时地出现并表达理解和认同。下面这一例子讲述的就是一位二十几岁的女孩在面临人生转折时拿不定主意，转而向父母征求意见。各位家长不妨从中吸取一些经验。

瑞贝卡一开始的时候是想学设计专业的，不过入学之后她改变了主意，转专业学了商科。最后还是中途放弃了商科专业，退了学。后来瑞贝卡在一家服装零售店找到了工作，工作了 3 年后她升职做了采购经理人，可是之后她又辞职了。

瑞贝卡是这样说的："我那时候想的就是这事儿应该怎么跟父母说，因为以前每次总是他们认为我可以重新开始的时候我就改变主意撤了。我给父母打电话准备告诉他们这一切，一开始本以为会听到一句'你怎么这样啊'之类的抱怨，但是我妈妈却说'回来吧孩子，我们也觉得你现在过得不快乐。回家来跟爸妈说说吧，咱们一块琢磨接下来该干点什么。'"

瑞贝卡从父母那里征得了同意，她又开始了新的征程。之后她重返校园，选择了进修时尚专业。之前瑞贝卡离开校园的时候时尚学科在大学里还没有成为一门正式的专业，但这正是瑞贝卡喜欢又想学的。

家长一定要时刻准备着在孩子遇到困惑的时候以园丁的姿态
适时出现并表达理解和认同。

从父母那里获得支持后，瑞贝卡的境遇有了好的转变。她再也不是以前那个"半途而废"、"没有主意"的人了。她的园丁式父母认为，通过之前的工作，瑞贝卡已经掌握了一些有用的技能，并且积累的一定的经验，所以再重新出发的话就不是白纸一张，要从头来过。在父母眼中，瑞贝卡在学习能力上是百尺竿头、更进一步了，这一次瑞贝卡真正找到了适合自己的发展道路。

（4）笃信者

常把"你一定能做到的"、"你一定能掌握这种技能"、"你一定会成功的"这些话挂在嘴边的父母能极大地增添孩子的自信心。其实每一个孩子都需要这样的笃信者式父母来支持鼓励他们。而最爱他们的父母无疑是笃信者角色的最佳人选。有这样的父母从旁加油鼓劲，孩子自然会变得信心满满，敢于打拼。

孩子的发展道路未必会一帆风顺，遇到坎坷不平的路段时，家长一定要表现出坚定的信念，支持孩子继续前进，因为在这个孩子质疑自己能力的关键时刻反而是锻炼相关能力的最佳时机。有些孩子的梦想不仅跟别人不太一样，还似乎有些遥不可及，要付出很大的代价才能实现。比如那些创新能力强、酷爱冒险、将来希望做企业家的青少年，他们如此宏大的梦想对父母来说可是个不小的挑战，这就要求父母做个未来企业家的笃信者。

以下这则例子就是引自相关实例：

　　山姆·摩根 23 岁读大学的时候辍了学，准备自己
开公司当老板。山姆的父亲——著名的经济学家加雷思
·摩根①看到这种情况很是担心。之后山姆集结了一帮
投资家建立了 Trade Me 在线交易平台②。加雷思·摩根
于是选择加入儿子的公司，成为投资人之一。刚开始的
时候这位父亲天天都在各大停车场转悠，专门在每辆汽
车的挡风玻璃上夹上一张儿子网站的广告传单，就这样
坚持了好几个星期。7 年后，经过山姆成功的经营，转
手时这家网站的市值高达 700 万美元。

---

　　① 加雷思·摩根（Gareth Morgan）关于想象力和新管理的演讲已经
帮助数千名管理人员发展出新的领导和组织风格。他曾为通用电气、惠
普、北方电讯、壳牌以及大众汽车等多家公司提供服务，他还与众多健康
和教育组织协同工作，他共著有 7 本著作。——译者注
　　② 新西兰最大的在线交易平台 Trade Me，类似于 eBay。——译者注

孩子的梦想就算再不切实际，家长也不可一味否定，
而应该让其能尝试就尝试；不能尝试就讲明白道理。

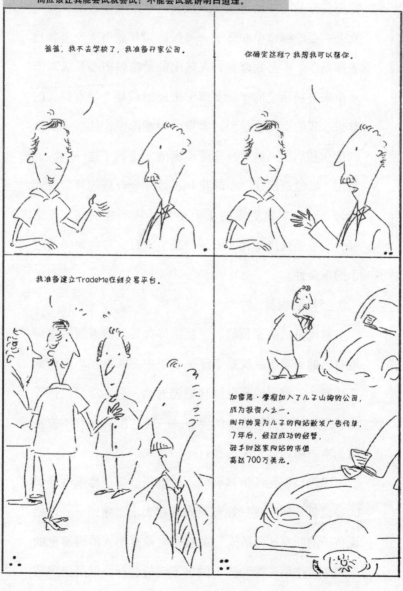

　　不管孩子有着怎样的梦想，就算是不切实际的梦也需要父母的一句认可来编织成真。就拿我来说吧，我的女儿在曼哈顿市中心开了一家饭店。开业当天晚上我也去捧场了。不是我夸张，在热闹的曼哈顿中心开店对于一个来自新西兰的年轻女孩子来说绝对是个很有挑战的梦想。我的女儿也是经过重重的艰难险阻，凭借着顽强的信念和周围人的支持坚持不懈地才走到了这一步。说实话，陪她迈出这一步的我并不是一个合格的笃信者式的母亲，我对她更多的反而是怀疑和不够信任。很惭愧，我也是通过女儿才重新记起了来自父母的第一道援手的重要性。

　　（5）解说员

　　解说员式的家长的职责就是将世界的纷繁现象解释给自己的子女听，就是把你孩子手中那一摞摞小山似的宣传册、计划书或是宣传刊物先通读一遍，然后以孩子能够理解的语言将其中的要点一一传达出来（具体方法请见本书第四章相关内容）。

　　父母也需要承担起解说员的重任。要是你不做孩子的解说员，他们就只好转而向其他人求得帮助——比如说孩子的朋友和同龄人。虽然有时候其他人的讲解也能起到一定作用，帮助孩子做出不错的选择，但是更多情况下，这些旁人听到孩子反映的问题也会同样犯难。他们自身的某些偏见和偏好也许还会左右孩子，令他们得到错误的信息或是产生误解。这样就可能造成相当严重的影响。

青少年时期同龄人之间的相互影响表现得更为明显。或许某些在孩子眼中更具吸引力的选择就更容易得到来自同龄人的肯定和认同。即便这样，伙伴之间互相出主意的做法也不值得大力推广。所以如果孩子选择了自己同伴不太认同的想法和职业，这时候就需要家长站出来支持。青春期孩子的想法是变幻不定的，所以像这种影响孩子一生的决策过程家长一定要参与进来，千万不能假手他人！

如何才能做到尽职尽责？

请各位家长抽出一点时间仔细思考一下，以上介绍的诸多家长角色当中包括了教练、代言人、园丁、笃信者和解说员，在这些角色当中，与你匹配的有哪些？另外，还有哪些是你还不曾充当过的？你在各个角色之间是切换自如的吗？我的意思是你不能过于注重表现某一种角色而忽略了其他。就好比说如果你在教练和代言人方面做的工作过多，那么孩子就会觉得你是因为不太信任他们才会事事出面打理。这就是说你对笃信者角色的重视度还不够。

同样道理，笃信者职责的施行也不能是单一路线，同时还需要家长以解说员的角色进行辅导，即帮助孩子解读参考资料，将面前的目标细分至最小化，进而采取行动支持他们的奋斗，可以说所有职责都是同等重要的。另外还有一点，抛开所有的职责角色不论，对于家长来说最关键的就是要记住以下这一点——父母的存在和他们对孩子的态度是决定孩子未来成就大小最最重要的因素。

请注意，抛开所有的职责角色不论，对于家长来说最关键的是要记住以下这一点——父母的存在和他们对孩子的态度是决定孩子未来成就大小最最重要的因素。

　　写在以下各小标题（各个家长角色）后面，请您
回答：我应如何达到这一职责的要求？

　　我在哪一方面还需加强？

　　我在哪一方面做得过多？

教练

代言人

园丁

笃信者

解说员

你知道前瞻性思维家庭有哪些特点吗？

◎ 良好的社交性——有固定的朋友圈，同时也喜欢和他人交往。

◎ 言论自由——家庭成员之间互相交流思想、交换意见，遇到问题时互相倾诉。

◎ 很好的凝聚力——每一个体都有很强的集体融入感，家庭成员之间关系融洽、互相支持、互相帮助。

◎ 决策民主——共同制定家庭规章制度；做决定之前会先一起商量。

◎ 积极参与娱乐活动——家人聚在一起进行娱乐活动——打保龄球、看电影、看体育比赛。

◎ 自主性强——感觉自己的决定不受他人影响。鼓励家庭成员培养独立个性。

◎ 理性地处理内部矛盾——在尊重个性的原则指导下理性处理各种矛盾，不使用暴力、不发脾气，几乎不吵架，通过沟通的方式合理解决不同意见。

◎ 成员关系亲密度高——家庭成员之间能够保持紧密联系，互相关心。

◎ 顾家恋家——认为家庭是人生重要的一个组成部分。

◎ 崇尚人文教育——看重文化、音乐、艺术、文学上的人文发展。

生活在这种家庭里的孩子在面对工作时信心更高、准备得更好，在走出象牙塔进入现实社会工作时表现得更好。

本章资料来源：改编自《学习到工作：父母应如何帮助孩子完成从学校到社会的过度》（1996 年版）一书。

作者：温迪·L·韦 与 M·罗斯曼

美国加利福尼亚州 国家研究中心

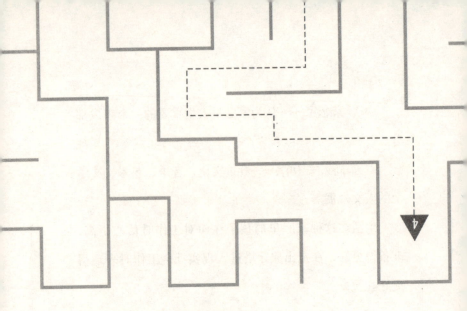

第四章

一砖一瓦构建职业发展摩天大楼

没有奋斗的目标和方向，何来困难与挑战？盲目摸索是找不到前路的。

如果对未来自我发展没有基本思路，那么一个人就会失去前进的方向。

未来自我设想正是帮助我们发现潜能、明确目标的最佳助手。

孩子的梦想萌发了，那家长也要一起跟着追梦。但是要"做梦"，也得孩子有心——有信心，相信自己有追梦的资格才行。孩子的自信是从自我认知中得来的。经过这番认识深化的过程，他们就会对能学到哪些东西、能为社会做出怎样的贡献有个初步了解，进而不断深化自我认知。那么孩子是如何获取这些认知的呢？答案就是在父母和他人的帮助下，看清自己的特长和潜能的过程当中。你这样做的时候其实就是在陪孩子一起追梦。

培养人生梦想，确立远大志向

对于青少年来说，培养人生梦想、确立远大志向是很有必要的。这是因为：

▶ 确立远大志向有助于增强青少年的人生责任感，帮助他们理清顺序，认清本阶段的任务有哪些。

▶ 人生梦想和远大志向为今后选择专业打下了良好的基础，也是不断奋进的动力源泉——有了梦想和志向，青少年也就有了明确的方向和奋斗的目标。

▶ 人生梦想就是对"我希望将来做什么"这一问题的回答。人生梦想就是青少年关于未来自我的设想，这种设想即是他们未来发展前景和奋斗目标的具象化。

青少年时期需要进行很多关键性的自我设问，这些设问全部是围绕未来发展前景展开的。

这些设问包括：

"我将来会成为一个怎样的人？"

每个青少年都希望自己能够成才，如果作为家长我们不能帮助孩子认识到他们的才能和本领，也许孩子就会选择消极地看待自我。

"我将来能做些什么？"

青少年同样希望自己将来进入职场后能够有所作为。学校仅是帮他们撬开冰山一角的众多助力中的一个，家庭才是对孩子自我设想的最大决定因素。

"我怎样才能成为一个有用的人？"

要成为一个对社会有用的人，青少年就需要知道自己应该怎样做，还需要在家长的支持下充满信心地践行；然后在学会掌握这些技能之后，将其运用在不同的工作环境中发挥出自己的才能。对于一个青少年来说，可以进行实践的环境通常是指职场和各大社会服务机构。不管哪种环境，只要能接触并学会职场中的处世之道，那就是最理想、最适合的。

各位家长不妨现在就仔细想想当初自己的人生梦想是什么，你又是如何通过锻炼实现梦想的。

青少年的人生梦想、未来向往和远大志向就是他们最宝贵的财富。正是这些财富勾画出了青少年的美好未来。有了牢固的基础，孩子们的未来自我设想蓝图、大展拳脚和服务社会的雄心壮志都将逐步实现。

由于担心会被嘲笑，孩子一般不会轻易将自己的"财富"展现给家长。但是，如果家长能够肯定并认可孩子的能力和特长，那就是掌握了开启财富宝箱的钥匙，这时候孩子就会愿意与你分享他们的人生梦想和远大志向了。

各位家长不妨参考下表中列举的方法，帮助孩子每天进行练习，长期坚持下来定能帮助孩子实现梦想。

人生梦想

（由两部分组成）

1. 自我认知：	2. 工作及职业认知：
我擅长于……	要从事这项工作就要……
我的长项是……	这项工作需要有这些技能……
我可以做到……	我接触过一些这方面的工作……
我能够学会……	我可以去学一些……
我知道该如何做……	

我能行！

我可以成为这方面的人才！ 我知道该怎么努力了！

　　请你仔细回想一下自己年轻时的梦想，然后回答
下列问题：

　　　　　　如何才能梦想成真？

　　　　　　什么力量能够摧毁梦想？

　　　　　　我自己的梦想是如何实现的？

　　　　　实现梦想的过程中我得到了哪些帮助？

如何坚定信念，建立自我认知

父母是帮助孩子打下自信心和自我认知根基的关键力量。不过，家长怎样才能做到这一点呢？答案有很多种，现列举如下：

（1）发现潜力并进一步描述清楚

抛开其他因素不讲，作为父母，我们最重要的职责就是发现孩子有哪方面的潜力，帮他们打开装满财富的宝箱。你发现的有可能是孩子的某项天赋，还有可能是正在锻炼成形的某项技能。不管是哪一样，一旦打开了宝箱，你就应当每天在和孩子交流时强化他们对自身这一潜能的认识，而绝不仅仅停留在发现的层面上。也就是说，一旦孩子表现出了某一方面的能力或者天赋，父母一定要及时注意到并采取行动给予鼓励。

举个例子来说，假如你的女儿接待家中访客时表现得落落大方、彬彬有礼，这就意味着她的社交和沟通能力正在得到锻炼。如果孩子表现得不错，那你就应该诚恳地赞美她、鼓励她；如果她的表现有需要改进的地方，那你就要教会她如何做到更好。

再举个例子，如果你的儿子平常乐于助人、关心他人，那么你就一定要让他意识到自己是一个多么善良、多么有同情心的好孩子。你要帮他打开这一宝箱也就是帮他加深了自我认识。同样道理，如果你的儿子很小就学会了如何使用各种工具，那么你就要夸奖他这项天赋。除此之外，还有一样基础也是非常必要的，那就是孩子必须相信自己的能力，给自己灌输这样的观念："我有能力做好。尺有所短、寸有所长，别人是在别的事情上做得好，我是在这件事上做得好"。孩子的这种自我认可是十分必要的，你千万不可忽略其重要性。

要是一个孩子从来没有听过别人半句认可、赞扬或是肯定的话，我们不难想象出这个孩子的情况会有多么糟糕——长期生活在强烈的自我否定中，全无半点自信。更有甚者，这个孩子也许一辈子都无法找回本应属于自己的自信。像这样的孩子很有可能来自每一社会阶层的家庭——他们的父母也许是太过忙碌，也许是太过严厉或是太过沉默寡言，这种父母要么不愿意表达对自己儿女的认可，要么就是抱有夸奖孩子会令他们退步的想法。他们的这些想法都是错误的，只有及时给孩子以鼓励和认可，他们才会感觉到自己是有用处的人，他们的自我认知和自信心才会得到巩固。

（2）认识到孩子的上进心

一个 3 岁孩童尚且渴望得到来自家长的认可和鼓励，希望自己小小的存在是有意义、有用处的。随着孩子的不断成长，一直到了青少年时期，他们更是会希望自己能有用处（他们心中关于用处的设想和你的理解可能不尽相同）。不管是在学校、冲浪俱乐部、橄榄球队、兴趣小组，还是和小伙伴相处的时候，孩子们都希望在对自己来说重要的场所能够表现得有价值、有意义。而实际上对他们来说最重要的场所就是将来要天天应对的工作场合了。

一次我对一组 17 岁的学生进行了调查，询问他们将来工作了最想得到什么东西。所有男生和女生无一例外地首先选择了"希望通过工作感到自己是个有用之人"这一项。人们对于"用处"这一目的的追求连心理学家都非常认可。"我感觉自己是个没用的人"这句话也是职业咨询师常听待业人员提及的最典型说法。对于青少年来说，从第一份兼职当中获得自己是个有用之人的认知是非常重要的。有了这个基础，他们将来进入职场之后才能表现出自己的才能。

（3）培养孩子的能力

当被问及"你认为要有哪些能力才可以找到工作"这个问题时，青少年通常会给出以下答案，这些能力中

对他们来说最重要的是:

▶ 能自信地和他人交流;

▶ 能与他人很好地协作;

▶ 相信自己的能力。

这些对青少年十分重要的能力在家中能够得到培养和锻炼,在兼职工作中同样可以。如果课余和周末空闲时间到快餐店、超市或是加油站工作,就需要孩子不断和顾客及其他员工进行沟通,这样,他们在熟悉本职工作之后,还会对自己抱有很大的自信。

通常孩子做了一份自己满意的工作而且表现得还不错的时候,父母就会做出使孩子变得自信满满的评价。这个时候孩子实际上就是在展示能力、获取自信。不管他们的这份工作是大是小,只要能帮助孩子认识到成人社会中的职场现实,那么他们就会变得信心十足,敢于在未来迎接类似的挑战。

(4) 明确孩子有哪些技能

每天跟孩子聊天的时候,家长还可以通过明确孩子有哪些技能和天赋的方法来帮助他们。这样做有助于孩子建立起一个积极的未来自我设想,明确未来的努力方向。对此,你不妨翻回第一章相关内容,参考一下加油站工作涉及到的技能构思。如果你的孩子是在超市收银或是在咖啡馆工作，那么列一份工作所需技能表也许会很有帮助。

明确职业技能是拼凑职业形象、加深角色理解的一个很好方法。请注意，对于一个青少年来说，你对他们现在的能力有信心就是对他们的未来有信心。通过明确指出孩子身上正在展露的特长，你其实是在帮助他们认清自己能力的形成过程，告诉他们如何成为一个有用的人。随着孩子对自身能力的认识不断加深，他们就可以主动地探索未来发展的种种可能。

自我探索的思考过程如下：

当自我	转化为	未来自我
"我是谁？"	变为	"我能成为这样的人"
"我现在能做些什么？"	变为	"我能做成这件事"
		"我有能力做……"
		"我可以试一试"

这就是建立自我信念和职业信念的良好开端。

你可以通过对比其他家庭成员特点和绘制家人技能明细表的方式教会孩子如何审视自身的特长和技能，具体方法如下：

1. 拿出一张白纸，画出粗略的家庭成员关系树。

2. 关系树中应包括尽可能多的家庭成员，例如，你自己、你的配偶、你的父母、你的祖父母、你的兄弟姐妹以及您的表兄弟姐妹。

3. 请在每个家庭成员的名字旁边请注明其职业，如果该名亲属出现曾从事过不同职业的情况，那么也请一一标明。

4. 写完后请仔细观察关系树。请问，是否发现了家人具有从事某种职业的趋向，或是否发现他们的职业之间有什么相似之处？

5. 现在，请仔细观察每一位家庭成员，回想一下每人都有哪些特点，他们现在从事什么行业？

6. 从本书下面一页给出的列表中选出相应的技能和特点，将其填写在匹配的每位家庭名字下面。

体力劳动型与务实型工作

制作、建筑、搭建、开车、操纵仪器、操纵大型机械设备、快递、修理、测量、测试、评级、切割、种植、生产、收割、焊接、机械物理、高级技工、伐木工、技术研究、工程监督、质量评估、审查

创新型与艺术型工作

传达、设计、创意、图画设计、作图、表演、唱歌、写作、娱乐、演讲、发言、装饰、运动、烹饪、形象设计、摄影、平面设计、网站设计、游戏员

沟通型、与人交往型工作

公众演说、电话员、采访、宣传、咨询、教练、解说、指导、讲课、培训、倾听、协商、动员、引导、助人、人脉构建、支持、媒体、辩论、解决问题、创作、销售、促销、劝说、促进、行政、人力资源、协调、授权、监管、决策、管理

技术型、数字技术型、媒体文化型工作

计算机技术、数据输入、程序设计、软件测试、系统分析、软件设计、硬件设计及研究、系统维护、系统构建、博客、电话技术、视频及网站设计、媒体和音响系统应用

信息数据处理型工作

学习、思考、观察、研究、阅读、理解、分析数据、解读、报告、总结、翻译、撰写、起草、编辑、归档、调查、计划、检查、分类、数字分析、估算、高等数学

人文知识型工作

语言能力－双语或多语种、修辞、工艺美术设计、珠宝设计和制作、服装设计、外事、文化历史、服务行业、食品行业、酒店管理、传统医药行业、健身行业、心理咨询业

性格特点

精力充沛、自律、刻苦、专注、一丝不苟、有序、坚持、固执、守时、学习能力强、宽容、适应力强、灵活、谨慎、乐观、自信、勇敢、坚定、开朗、亲切、积极、热情、有爱心、有合作精神、有同情心、善解人意、待人友好、助人为乐、敏锐、忠诚、可靠、可信、公平、诚实、关注细节、对数字敏感、有音乐才华、机械思维能力强、技术理解力强、创新力强、精确、能力强、手工好、有天赋

提问：从以上列表中您是否找到了符合家人特点和技能的描述呢？

下一步就是将孩子的技能（他们身上独一无二的一技之长）添加到家庭关系树当中。填写之后很可能你会发现这种情况——无论在技术类、数字类还是沟通类工作方面的技能，你的孩子掌握之多早已远远超越了其他亲属。

现在你就可以跟你的孩子一起讨论一下得出的结果。你可以问问孩子，看他们从树形关系图看到了怎样的联系，以及自己的技能与家人相比有何相同及不同之处。这种交流能够很好地帮助我们认清如何通过具体工作锻炼自身技能、得到进步，帮助我们分析出什么样的工作适合什么样性格的人，居住地和成长环境对人生境遇的影响，以及不同性格的人是如何选择适合自己的工作种类的。

通过树形关系图的对比，各位家长可以向孩子展示在成长的过程中我们是如何学会并掌握各种技能的。大多数家庭关系表中都会有那么一两个人，这种人青少年的时候也是经历了一番波折才找到了适合自己的方向。那么再看看如今这些人的发展吧——皮特叔叔现在有了一家自己的工程公司，可是他 15 岁的时候还没有现在的这身本领。在成长的过程中他学到的知识和掌握的技能越来越多，这才有了今天的成就。孩子对像这样的成功故事都非常感兴趣，通过你的讲述，他们就会意识到，不管此刻未来看上去多么遥不可及，我们都在一点点进步，逐渐地靠近成功。

所以，请各位家长记住，孩子现在没有一技之长并不代表他们将来也学不会，他们需要的是兴趣、持之以恒和适合的成长环境。这些东西不见得都能在学校里得到，因此，如果你孩子的成绩不是很好，那么就很有必要告诉他们，也许在其他环境下他们反倒能学得更好——所谓实践出真知，我们完全可以像皮特叔叔那样在工作和尝试的过程中学到知识。也许孩子要到毕业后走向社会才能找到适合自己的学习环境。那么你不妨告诉他们，现在学业上的事情不能放弃，等将来毕了业一定能在社会上找到自己的一席之地。

> 总结：了解过以上技能和性格特点以及家庭成员的发展情况之后，请你再考虑一下还有什么需要跟孩子沟通的？你对他们的发展前景还有什么要补充的吗？除去已知的那些，你还从孩子的身上看到了什么正在逐渐展露出的特长、天赋、技能和性格特点？

情商与社交能力

有些性格特点和特质不仅在上学时对我们很有帮

助，以后走入社会也能派上大用场。可是这些特点在青少年身上最初表现出来的时候往往被父母和老师忽略，或是干脆被视为理所应当。

就拿情商与社交能力来说吧，虽然关于这两者的定义有很多种，但大致都会包括理解能力、积极表达情感的能力、人际沟通中建立与他人合作关系的能力、有效掌控自我情绪的能力、处理陌生局面的能力，以及表现出积极进取心和自我奋进的状态。

关于情商的定义还包括能够表现出同情心，清楚自己的情绪状态，能够不采取发怒、敌意或进攻行为解决矛盾和压力的能力。丹尼尔·戈尔曼的《情商》①一书就向我们传达了这样一个信息——智商高的人也有可能在上学、上班、处理人际关系时走向失败。丹尼尔·戈尔曼认为，人的一生是否能取得成功同样取决于他们的自我意识、同情心和自控能力。

有些青少年很早就表现出较高的情商和社交能力。

---

① 丹尼尔·戈尔曼，哈佛大学心理学博士，也是美国《时代》杂志的专栏作家，曾任教于哈佛大学，钻研行为与头脑科学，现为美国科学促进协会研究员，曾四度荣获美国心理协会最高荣誉奖项，20世纪80年代即获得心理学终生成就奖，并曾两次获得普利策奖提名。此外，他撰写的作品多次获奖，其中包括美国心理学协会授予的终生成就奖。他以主张情商应该比智商更能影响成功与否的《情商》（EQ）一书，成为全球性的畅销作家。——译者注

但是他们自己并不能意识到这是多么宝贵的财富和奋斗资本。如果你在孩子身上看到了这种财富，那么请你一定要告诉他们。这也是帮助他们建立自我信念很重要的一种方法。对于一个青少年来说，他们只能隐隐感觉到自己具有某样特殊的财富或是做对了某件事情，而不能认识更深。而家长的职责就在于及时做出反映，让他们确定猜想，开始一砖一瓦建起职业发展大厦——这种反映是自我认知的"黏合剂"——就是父母注意到孩子的特长然后做出肯定评价的时候产生的。

如果你的孩子有了对自我的初步认识——包括兴趣爱好、特长、能力等——这就意味着在了解相关工作和职业知识的过程中，他们就有了明确的奋斗目标。

了解相关工作内容和职业知识

相关职业信息在学校的信息中心和各大网站就可以了解到。但是这样得到的只是一个大致的概念，只能粗略了解一下众多行业及职业的职责范围和准入资格。虽然这种笼统的信息只能帮助孩子进行初步的自我认识，但还需要进一步探索和讨论，可是对于看清自己的能力范围、进步程度和努力方向却是足够了。一旦你的孩子明确了自身特长和兴趣爱好及能力的大致偏向，那么很容易就可以把这些信息与匹配的职业结合起来（详情请参见本书后部的参考资料）。

我们不难想象，要是有了切实的想法以及适合的发展环境，孩子们的脸上会迸发出怎样夺目的光彩——我就有过很多次亲眼目睹这种炫彩的愉快经历。这样的孩子浑身充满了干劲儿，很明显就可看出他们对自己的感觉还算不错。除了自信，他们另一半重要的自我认识——未来自我设想——也已经勾画清晰了。你这时就可以用浅显易懂的语言和他们一起讨论，以轻松愉快的方式交换意见。

我想你和你的孩子一定已经进行过多次的面对面沟通了。这些沟通可能是令人满意的，也可能不是。当一个孩子头脑中一片茫然没有答案的时候，就会很容易口不择言地表达自己的压力和无所适从的焦虑，或者干脆就拒绝和你交谈。而跟面对面交谈带来的压力相比，坐在同一侧进行交流的效果就会好得多。除此之外，你还要为谈话留出进一步深入的空间，同时尽量多地表达你对孩子的信任和支持，坚定他们最终胜利的信念。

（1）用自己的奋斗经历做示范

假设你的儿子或女儿今天从附近一家社区学院带回

了一份宣传材料，上面是一堆五花八门的课程介绍。你觉得孩子会怎么做呢？如果随他们的意愿处理，那么很有可能拿回家之后连看也不会看上一眼的。如果想帮忙，那你可以用自己的奋斗经历做个示范。各位家长可以这样开始一段谈话：

> "我在想，要是能从头来过的话我会怎么做呢？……（然后对儿女说）你觉得我干什么合适？"

要大声说出这句话，征求孩子的意见。这样做就能降低孩子的压力，还能通过听你讲述奋斗历程的方式把孩子引入思考。

现在请翻回家庭成员关系树的技能列表页，查找与孩子拿回家的宣传册相关的技能。请问，如果换做是你，以你对自己的了解你会选择哪些课程呢？请你试着寻找适合某一具体课程的工作，以及需要接受的相关培训，然后回答这个问题："我是否愿意选择这个课程呢？"

现在你就可以向孩子询问他们的看法了。让他们参与到有关你职业选择的探讨中来，听听他们的意见。你要真诚地鼓励孩子说真话，告诉他们如何更好地研究一项课程、一个网站或是一份宣传材料（比如建议他们使用高亮色荧光笔），把所有笼统的信息细分成最小单位。进展到这一步之后，你就可以这样建议了："你为什么不试试呢？你觉得什么适合你？"

到这个时候孩子就会希望与你一块儿分析一下自己的情况啦。

请各位家长一定要告诉自己的孩子，开始分析的第一步可以先从挑出自己最感兴趣的某一行业开始。现在的年轻人最典型的爱好就是计算机技术，这属于工程类领域。高中时期孩子或许还不知道或不甚清楚自己的可选范围，直到进入高等院校，了解自己的特长和兴趣集中点之后他们才会钻研某一具体行业的知识。因此，有时候需要先把注意力放到某一行业上，而无需把范围缩小至某一具体职业。

上大学找到具体的方向之后，青少年的目标就变得更为具体了——将全副精力投入在所选专业上，以便将来工作时能派上最大用场，为自己提供最广阔的发展平台。选择职业的过程也是大致如此，一开始的时候选定一个职业方向就好，然后通过学校或专业院校设置的各个课程在实践中锻炼自己的能力，进而调整不合理的选项。

（2）通过工作经验进一步探索

一份来自英国的研究报告指出，对青少年来说，如果有机会到职场参观，看到真实的工作环境，那么这样对他们的帮助是最大的。也就是说，有了初步的想法，再到真实环境中检验自己的想法是否恰当，在这个过程中就可以知道自己是否真正想要从事该行业，还能以此加深对自我的了解。

真实的环境往往能够引发这样的自我设问："我适合在这里工作吗？我将来能成为这里的一份子吗？"通过在这种环境下的切身体验以及实际操作，之前对这份工作的不了解之处就能得到纠正，因此这种实地调查是很有必要的。

对于青少年来说，很重要的一点就是知道自己的特长在哪里，让这股好钢用在刀刃上，发挥出最大的作用。

（3）做个生活中的有心人——合理利用周边资源

细致入微的观察同样也是加深自我认知的一个好方法。如果你的孩子现在正在考虑职业发展方向的问题，那么不如每天开车带孩子上街的时候你就留意观察一下周边的工作场所吧。你可以沿路一一把熟人的工作单位指给孩子看，还可以向他们介绍这些人的具体工作。沿途若是经过超市、连锁商店、银行、酒店、汽车修理厂、律师事务所这些地方，你不妨跟孩子聊聊在这些地方工作的熟人和他们的职责。如果碰到孩子特感兴趣而你又不太清楚的话题，那不如就借此机会下车了解一番吧！没有比那儿的员工更了解内情的人了。

如果你的儿子特别喜欢做饭，那就带着儿子一起去附近的饭店吃顿大餐吧。吃饭的时候你不仅可以跟儿子一起评点一下饭菜的质量，还可以让他自己了解一下厨师的工作环境。要是你家附近有一个接收实习生的饭店，那么就带孩子去了解一下吧，借吃饭的机会您的儿子就能了解到厨师学徒的工作状态了。要是他决定试一试，你就可以放手任其发挥了。

如果一个年轻人对烹饪丝毫不感兴趣，也完全不了解这个行业，那么再怎么询问他是否想当厨师也是白搭。他要是回答"不知道"，还只会让您更加烦躁。但是说实话，要是什么都不了解，又没有可供参考的材料，孩子又怎么会知道呢？

如何应对不切实际的人生梦想

很多青少年都有当名人的梦想——有想当演员的，有想当运动员的，有想混迹时尚圈子的，还有的受了电视节目的影响，看到法庭上滔滔不绝的辩护律师或是料事如神的心理学专家就心向往之——总之一句话，还没闹明白怎么回事就头脑一热定下了自己的人生理想。这其中有些年轻人的确能够实现自己的梦想，成为职业体育运动员、滑雪运动员或是演员，还有一些人也可能最终实现不了梦想。但不管怎样，青少年时期大家都会做这样的梦。

人人都应该有追逐梦想大胆一试的机会，但若是梦想与能力完全沾不上边，就不要轻易尝试。如果梦想太过不切实际，还一味强求，最后连适合自己的机会都会错过。所以，在了解孩子职业抉择的过程中各位家长一定要帮助孩子寻找与自己能力匹配度较高、孩子真正喜欢的发展方向。有时你也不妨带孩子到职业咨询师处，参考一下专业测试结果和专家指导建议。通常情况下，如果孩子能通过客观第三方的帮助看清自己能力和特长的限定领域，那么他们就不会再坚持原先不切实际的梦想了。

还有一些其他方面的信息也能帮助孩子打消固执的念头。比如说，如果一个理科成绩平平的孩子得知要当法医必须得数、理、化、生门门功课成绩优异，还至少需要硕士学历的话，他们也许就能够适当调整自己的梦想了。由此看来，一定的资料和信息对我们的帮助也很

大。所以，父母要以准确的信息帮助孩子进行职业思考，而不是用

"你干不了那一行"、"这根本不现实"

这种方式教育孩子。要知道，这种伤人的话只能把孩子引向自己没有能力所以做不成的结论，还无法真正理解梦想不切实际的原因。对于青少年来说，很重要的一点就是知道自己的特长在哪里，把这股好钢用在刀刃上，发挥出最大的作用。

你知道什么是良好的职业抉择公式吗？

自我认知

（我喜欢什么；我的兴趣爱好和特长是什么；做哪些事情会让我觉得很有成就感；什么能激发我的动力）

+

抓住机遇

（职场中有哪些机会；哪些行业和工作令我感兴趣；都有哪些适合我的培训机会和求学机会；我还需要明确哪些信息）

‖

良好的职业抉择

如果你目前正面临着职业抉择难题，那就是出现了关键因素缺失的问题。请对照下表找出缺失的因素：

◎ 情况一：你不知道自己的目标是什么，但是你知道可选择的范围很广。

◎ 情况二：你知道具体的目标是什么，但是不知道怎样做才能实现它。

对于青少年来说，如果想要把两个问题都解决掉，那么难度将是非常之高的。

所以，我建议你先从培养自我意识——也就是寻找内心的指南针开始。要是还不清楚自己的兴趣点所在就去盲目地翻阅资料，只会起到南辕北辙的效果。

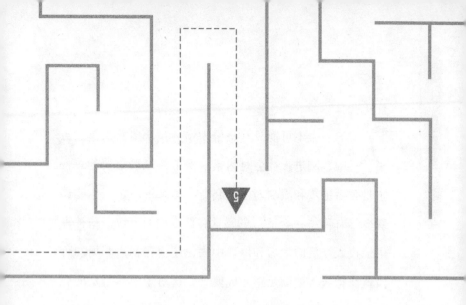

第五章

从找到适合自己的方向开始工作

人的一生不可能只有一份工作。在众多的工作经历中，刚进入社会时的第一份工作是最重要的——它是今后进步和成功人生的起点。如果第一份工作能让青少年有种"正合适"的感觉，那么他们不仅会精神百倍地投入今后的学习和培训中去，还会在初入职场的阶段就获得极大的满足感和成就感，这对于建立坚定的职业信念具有重要意义。随着工作经历的丰富，我们通常会发现自己所从事过的工作似乎都有一条线索贯穿始终，那就是所谓的"最初导向"。

职业咨询专家工作中常常接触到这样一个概念和分析原则——性格特点与职业选择匹配论（也即人业互择理论）[1]。这一理论对天下所有的父母都很有用处，它能帮你理解性格与职业的联系，还能在面临职业抉择时帮助你开拓思路。

随着工作经历的丰富，我们通常会发现自己所从事过的工作似乎都有一条线索贯穿始终，那就是所谓的

---

[1] 人业互择理论——1959 年提出的一个具有广泛社会影响的职业兴趣理论。该理论认为，人的人格类型、兴趣与职业密切相关——兴趣是人们活动的巨大动力，凡是具有职业兴趣的职业，都可以提高人们的积极性，且职业兴趣与人格之间存在很高的相关性。——译者注

"最初导向"。

人业互择理论——职业导向或"类型"

美国霍普金斯大学心理学教授约翰·霍兰德①是第一个引入职业导向理论（Career Orientations）的专家。经过多年实践总结，这一理论目前被广泛应用在教育以及职业策划领域。职业导向理论将人们分为六种类型，这六种类型如下：

▶ 实际型；

▶ 调研型；

▶ 艺术型；

▶ 社会型；

▶ 事业型；

▶ 常规型。

通常来说，我们每个人都是一个混合体，在我们身上至少会体现出两到三种导向类型的特点，但是只有一

---

① 约翰·亨利·霍兰德（John Henry Holland）是美国约翰·霍普金斯大学心理学教授、美国著名的职业指导专家，1950 年获得麻省理工学院学士学位，后获得密歇根大学博士，并长期任教于该校；现为心理学和电气工程与计算机科学教授。——译者注

种类型是起主导作用的。

约翰·霍兰德教授认为，不同的工作环境也可以大致归为六种，也就是说，职业导向类型与职业类型是一一对应的，每一类型的人都有适合他的工作环境，每一个特定工作环境中都能够培养与之匹配的专业技能。同样道理，正如我们每人都是复杂的混合体一样，工作环境往往也是兼具不同特征和属性的混合体。

霍兰德的职业选择理论，实质在于劳动者与职业的相互适应。霍兰德认为，同一类型的劳动者和职业互相结合，便是达到适应状态，于是，劳动者找到适宜的职业岗位，其才能与积极性会得到更好发挥；反之，如果找到的工作不适合自己的技能，那么人们也会转而投向适合发展的行业。我们或许都听过身边的人用"格格不入"这个词来形容自己不适应正在从事的工作。这也就是霍兰德教授根据劳动者的性格特质和择业倾向总结出的人业互择理论的内涵。

以下是对六种职业导向类型具体介绍。

(1) 实际型（Realistic，以字母 R 表示）

我把这一类人称为实干家。实干家的特点就是喜欢需要动手的工作，尤其是像建筑业、机械行业、户外工作、体育运动行业和体力劳动行业，都是这类人群感兴趣的工作领域。实干家愿意使用工具、机械和仪器从事具体操作性工作。比起思考来说，这些人更感兴趣的是行动，并且更倾向于工作成果眼见为实的劳动行业。如果你想确定自己的孩子是否为实际型人才，那么只需留心观察孩子身上有没有下列特征：运用工具得心应手、运动能力发达、动作协调、喜爱在户外工作和探险、心灵手巧。

这样的人要想学习一门技能，最好的方式就是实际动手操作。他们厌倦理论知识，觉得在教室里一动不动地听讲是件十分累人的差事。由于实际型的人作风务实，他们就不太会应对需要用语言表达自己想法的局面。另外，若是没有实践在先的经验指导，他们很难"想象"自己未来将从事何种职业。因此，实际型的人有时需要进一步锻炼语言表达能力和社交能力，也需要鼓励他们在能够培养自己决策能力的环境下工作。

吸引实际型的人的典型动手操作职业领域包括：建筑业、工程业、技术公司、户外工作、体力劳动、农业、交通行业以及采矿业。

R 型工作大致包括以下几类：

▶ 木匠；

▶ 农民；

▶ 飞机驾驶员；

▶ 警察；

▶ 机械工程技术人员；

▶ 庭院设计师；

▶ 理发师。

（2）调研型（Investigative，以字母 I 表示）

这种工作涉及到知识领域。适合调研型工作的人对科学研究非常感兴趣——他们喜欢收集信息、得出结论，喜欢和数据打交道，理解力好，分析能力强，工作时喜欢有大量的信息来辅助自己。调研型的人不喜欢重复性工作，通常情况下不愿从事销售和劝说性工作。这样的人大多喜欢独立工作不受打扰，不希望在团队环境下工作。他们非常享受解决问题的快感，喜欢和抽象数据打交道。

调研型的人的识别标志是在数学和理科方面表现优异，并且有迎难而上的能力和主动性。他们通常天性好奇，总是提出很多的"为什么"，还善于推理分析。一旦面对具体工作的时候，这些人总是非常看重任务计划，因此，在学校这种高度秩序化的环境里，调研型的人总是感到非常满意和舒心。

适合调研型的人的工作环境有：医疗保健中心、科研机构、实验室、大学及教育中心、以及与电脑系统和程序设计相关的行业。

典型的 I 型工作包括以下几类：

▶ 工程师；

▶ 化学专家；

▶ 实验室助理；

▶ 计算机程序设计员或技术工程师；

▶ 酿酒师；

▶ 心理学家；

▶ 专家顾问或是熟悉众多技术领域知识的专家。

(3) 艺术型（Artistic，以字母 A 表示）

艺术型工作也即是创意型工作。体现创意的工作范围很广，有艺术品行业、摄影行业、表演行业、音乐演出及作曲行业、写作和新闻业、设计业、食品和烹饪业，以及时尚和装饰行业。对于艺术型的人来说，需要有很好的表达能力。如果这类人的工作环境不能满足其发挥创意的需求，那么就会引起极大的不满。

艺术型的人想象力丰富，在音乐、戏剧及其他艺术领域具有较高的造诣。他们重视原创和独立精神，完全凭借直觉生活工作，主张精神自由，不受世俗约束。艺术型的人的房间通常是乱得一团糟，工作台更是如此。他们对有组织、有条理的东西不太感兴趣，在乱七八糟的环境下反而能够更好地工作，所以，应该允许他们自由发挥，随意布置自己的工作环境。

对于艺术型的人来说，学校可能是一个很令其难以容忍的地方，有些人甚至希望尽早脱离学校这等中规中矩的束缚。如果学校里设置了吸引他们的课程或活动，那么他们还能有继续坚持上学的动力。如果你的艺术型子女觉得上学是件无关重要的事情，那么请不要太过着急，不管是否接受了正规教育，艺术型的人通常都能找到属于自己的成功之路。

与传统模式不同，艺术型的人的成功之路需要自己摸索。因此，艺术型人的父母就有义务在孩子探索的过程中给予支持和信任。艺术型人的父母的职责重大，面临的挑战也更多。看着其他人的孩子沿着传统道路很快就走向成功，相比之下，自己的孩子要想成才似乎还要再等上很长一段时间，这对艺术型人的父母来说就不太容易接受。艺术型的人也因此更加需要来自父母的坚定支持和信任。

适合艺术型人的工作环境包括：媒体和电影业、工作室、博物馆、广告公司、装修设计公司，以及食品和酒店管理业的某些岗位。

典型的 A 型工作包括以下几类：

▶ 演员和表演艺术家；

▶ 作家和新闻记者；

▶ 家装设计师；

▶ 音乐家、艺术家以及手工艺技师；

▶ 电影及电视制片公司员工；

▶ 多媒体及平面设计。

(4) 社会型（Social，以字母 S 代替）

社会型工作就是与人打交道。社会型的人喜欢帮助照顾他人。他们喜欢与人相处，享受团队合作带来的成就感；他们喜欢给别人出主意并传道解惑；喜欢讨论、与别人交流，很可能还喜欢在团队中担任领导者的角色。

社会型的人很早便会展露出自己的才能——善于交际，为人大方，心地善良。这类人很小的时候就表现出了很高的情商，孩童时期就富有同情心，与周围人的关系也十分融洽。社会型的人关注社会发展形势，他们观察入微、见解深刻；他们志向高远、视野广博，尤为关注社会民生的大事业。如遇到社区服务需要志愿者或是突发事件需要帮忙的情况，社会型的人一定是冲在最前面。

适合社会型人的工作场所就在最传统的教育行业当中——学校、教育机构、社会服务中心、卫生机构、医院、医疗服务机构、特殊训练职业，宗教组织、教堂和人道主义机构。

典型的 S 型工作包括以下几类：

▶ 教师；

▶ 顾问；

▶ 孩童教育专家及社会工作者；

▶ 美容及医疗卫生业从业者。

（5）事业型（Enterprising，以字母 E 表示）

事业型工作有较大的影响力。这一类工作的关键词包括——劝服力、影响力以及兜售能力。事业型的人看重权力和地位，会为追求更多的物质财富而努力工作。他们的影响力主要体现在三个方面——组织架构管理、领导力和企业家精神。

事业型的人雄心勃勃、具有强烈的竞争意识。这些人上学时就负责管理其他同学，当众演讲或是发言时落落大方、毫不扭捏，将来工作时也希望能够在商业领域大展拳脚。另外，也有很多人将来希望自己当老板开公司。

适合事业型人的工作环境有：大型集团、金融公司、工业组织、销售行业。事业型人喜欢从事在政治法律领域、宣传营销领域有影响的工作。

典型的 E 型工作包括以下几类：

▶ 经理及企业主管人员；

▶ 律师及法律顾问；

▶ 市场营销及广告专家；

▶ 自己开公司当老板；

▶ 零售业及销售业经理。

(6) 常规型（Conventional，以字母 C 代替）

常规性工作涉及到数据和具体业务。常规型的人就是成天和数据打交道，也不会厌烦。这种人关注细节和系统的整体性，处理起日常文档和具体业务来得心应手。常规型工作最大的特点就是注重准确度和细节。

属于常规型的青少年很容易辨别，他们的各种课本整理摆放得井井有条，做事一丝不苟，甚至有些过分挑剔。通常常规型的人处理工作和手上的任务时都是按部就班、遵纪守法的。他们喜欢黑白分明，不喜欢模棱两可的中间地带，如果遇到各抒己见的讨论会，一定是非常不耐烦。可以说常规型的人只关注结果和事实，只要有明确的任务计划，他们就会践行之。常规型的人在数学和会计领域表现出色。他们面对金钱问题会十分谨慎，不喜欢冒险。

适合常规型人的工作环境必须组织条理性强，包括银行、会计师事务所、保险公司，或是在学校及企业等大型机构中担任行政工作。更有许多常规型的人在政府部门、决策部门、数据统计和管理部门工作。

典型的 C 型工作包括以下几类：

▶ 会计师；

▶ 银行业者；

▶ 秘书；

▶ 建筑装修；

▶ 计算机数据库管理员。

职业导向评价的意义和作用——人业互择

在了解六种导向类型的过程中，可能各位读者就会意识到适合自己的类型不只一种。也许你觉得其中两种描述特别符合自己，除此之外，或者还有另外一种的描述也说中了一部分。通过职业探索量表（SDS）的测试，我们就可以找到最适合自己的三个类型，进而在日后的工作中明确方向。

例如，如果测试得出的结果你是个 CES 型人（即常规型＋事业型＋社会型的混合体），那就意味着你比较适合从事会计师这一行业。具体分析过程如下：CES 型人中，C 型也就是常规型是主导型因素。这就是说，首先你在处理数字和数据方面的能力是最突出的；其次，根据事业型人的特点，你比较适合在商业领域发展；你的第三种特质是与人沟通的能力。如果把这三种特质放在一起考虑，那么最适合你的就是会计师一职。

如果你是 ECS 型人，那么你就比较适合担任领导职务。这类职务有：总经理、人力资源部经理、外交官、销售及市场部经理、校长、办公室经理等。主导型因素 E 说明你首先适合有领导力、影响力的商务职位；S 型说明你有出色的人际交往能力；C 型说明你对数据处理过程和业务流程十分在行。综合以上三点，你适合担任领导职务。

或者我们抽出一个具体职业作为例子。就拿庭院设计师来说吧，代表这一类型的是字母 RAS 组合。首先，庭院设计师喜欢动手操作性质的工作；其次，字母 A（艺术型）说明需要有很好的创造力；第三点的社会型导向就是需要有与人沟通的意愿和能力。这三点综合在一起就是庭院设计师。

（1）霍兰德的职业导向六边形

霍兰德教授将六种职业导向以六边形的图形呈现出来，以便表示各个类型之间的联系。其中，起决定作用的是首位导向，也就是第一个字母代表的类型意义最大。

相邻两边上的三个点组成的职业导向如下：

CES（常规型＋事业型＋社会型）：会计；

ISA（调研型＋社会型＋艺术型）：运动心理学家；

ASE（艺术型＋社会型＋事业型）：演员；

IRC（调研型＋实际型＋常规型）：电脑系统分析员；

ESC（事业型＋社会型＋常规型）：总经理；

RIC（实际型＋调研型＋常规型）：飞机驾驶员；

ASI（艺术型＋社会型＋调研型）：音乐家；

SIA（社会型＋调研型＋艺术型）：社会工作者。

霍兰德教授总结出的六边形

实际型 R　　　　　　　　　　　　　　　　　　调研型 I

实际型人有运动及　调研型人理科成绩好；
机械操作的能力；喜爱　喜欢独立工作解决复杂
户外运动；喜欢使用工具　的问题；喜抽象；不愿与
和实物；不喜欢和人打交道。　人及其他具体事务打交道。

常规型人的特长在于计算和　艺术型人想象力丰富，具有艺术
眷写；喜欢在室内办公，打理　天赋；喜欢进行原创工作；喜欢
一应大小事务；不愿与人打交道。　抽象思维；不愿意纠缠于具体事物。
反而愿意与数字和文字打交道。

常规型 C　　　　　　　　　　　　　　　　　　　　　　艺术型 A

事业型人有领导力，说话艺术　社会型人社交能力好；对社会关系
喜欢影响他人；对政治和经济　发展动态感兴趣，愿意帮助他人
感兴趣；喜欢与人和抽象概念　解决问题；喜欢与人打交道；
打交道；不愿涉足具体事务。　不愿意涉足具体事务。

事业型 E　　　　　　　　　　　　　　　　　社会型 S

资料来源：《如何做出职业抉择》第三版 出版商心理学评估资源中心版权所有，
转载由出版商特别许可
地址：美国佛罗里达洲卢茨区北佛罗里达大街 16204 号。

如果你的测试结果是特别偏向某一特定类型，那么你的第二高分项一定是出现在第一高分项的相邻侧边上。这就是一致性原则，也是通常情况下得到的结果。任何一项得分最高就意味着在该领域非常有发展前途，

这种测试结果对我们寻找职业发展方向是很有帮助的。

不过，如果你的测试结果是最高分数项分布在对应的两侧，例如 A 和 C，显示你在数据和创意领域都很有天赋的话，那么这样的测试结果对择业的参考价值就不是很大了。对同时拥有对应侧导向特点的人来说，他们的心理状态可能是比较焦虑的。这样的人一般很难确定自己的职业道路该往哪个方向发展，并且会感觉任何一个方向都不是自己想要的。在偏向秩序和工作中，CA型人会觉得自己的创意能力丢失了，而在艺术创造的环境下他们又会觉得毫无秩序可言。另外一种对应式导向是 EI 型人，这样的人既具有事业型人的特点又具有调研型人的能力。如果是 EIS 型人，那么最适合的工作就是律师。但是如果这个人又有很强的事业型特质的话，往往在发现自己对律师感兴趣之前，他们就会转而在商业中寻找发展机会了。

如果测试的结果是各个导向分布均匀、不偏不倚，也是一种非常麻烦的状况。通常这样的人是五项或六项的成绩几乎都差不多，并没有最突出的特质显现出来。这样的人由于兴趣爱好太过广泛，没有明显的一技之长，往往不知道职业发展道路应从何处开始。不过，根据我的观察，大多数这种类型的人一旦知道错不在己之后，就不会那么纠结焦虑了。对这些人来说，一直以来都以为自己是无能才会找不到适合的发展方向，他们总是认为"别人都行，就我不行"，但其实无从选择不是人为造成，而是有客观原因的。我记得曾经有个四十几岁同样情况的客户到我这里来咨询，他得知真相之后高兴得跳了起来，大声嚷道："不是我的错!"这为客户最终解开了长久以来的一个困扰，终于从这个痛苦的职业困惑中走了出来。

职业探索量表（SDS）是对个人的性格特质和兴趣爱好的全面测评，能够帮助我们更好地理解工作和职业导向之间的联系。借助探索量表，我们就可以找出对现在工作心存不满的原因了——也许是目前工作的特点与你的特质导向不吻合。例如，如果你是典型的 S 型人，但是你的工作内容有 90% 都是不适合你的行政工作——也就是 C 常规型工作，那么很有可能你会对目前从事的工作感到不满。

职业发展方向是否正确，还有一项很重要的因素，那就是工作环境。同样的工作有可能有着完全不同的工作环境，比如说大型集团公司、医院、大学、学校、艺术工作室和社区信用社都可能会设置行政工作这一职位。因此，如果能够加深工作环境对工作性质影响的理解，那么我们就能够在面临选择的时候找到更加适合自己的、更令人满意的工作了。

（2）用导向类型分析孩子的职业倾向

或许通过上文的介绍，各位读者已凭借直觉大致猜出了自己的导向类型。那么按照同样方法，你也可以猜测一下孩子的导向类型。虽然没有经过专业的系统测试，但是通过对孩子性格特点和一技之长的了解，你还是可以找到一些线索，在孩子的探索之路上助他们一臂之力。不过，还请各位家长注意，

虽然在选择课程和科目的时候职业探索量表能够帮助青少年找到感觉比较适合自己的行业，但是也不要分析得太过具体，把孩子的未来固定在某一两种职业工作中，这样反而会限制他们的发展。

举例来说，假如分析结果是你的孩子对工程领域很感兴趣，不过可能具体适合的发展方向也要等到上大学之后才会显现。

职业探索量表带给我们的另一个启发就是令我们意识到：

即便是看起来很有前途的工作，也不是任何一个人就能取得成功的。

如果看到好工作就鼓励孩子朝那个方向发展，那么这样的父母就是从自己的意愿出发，即使明明不适合，甚至孩子又很清楚自己喜好的情况下还要强制令其接受，可能之后觉得不适合孩子还是会换工作的。因此，各位家长要是碰到你觉得特别有前途的工作，一定要考虑到孩子的特长是否与之匹配，这样就能更好地帮助孩子进行职业抉择。

（3）请不要墨守成规

职业探索量表测试后来自学生和家长双方的反馈都是非常不错的——家长的反应普遍是：孩子觉得收获很大，现在对自己的专业也很有信心了——要是早点做这个测试就好了。尽管来自各方面的反馈都还不错，但这也并不意味着这个测试就是铁打不动的金科玉律。目前的职业大环境还不尽理想，因此现在就考虑普遍应用职业探索量表还为时尚早。不过，既然已经有很多青少年通过这种方法走出了职业迷宫，那么掌握一些这方面的基本知识还是很有必要的。

如果你对此感兴趣的话，可以在如下网址找到职业探索量表测试的在线版本：*www. self - directed - search. com*。

不过，在线测试也可能有不完备之处，所以不见得适合所有的青少年。如果遇到多重导向叠加的情况，职业咨询师是帮助你解答疑难的最佳人选。

进一步缩小范围，找出适合的选择

（1）自我意识工具

对在职业迷宫中失去方向的青少年来说，帮助他们找到职业倾向、认清自己的特长、建立自我认知的过程，第一步就是对自己的兴趣爱好进行整理和排列。这种排序工作是职业抉择中的基本技能，其中运用的工具也是非常简单的。我发明了一种叫做"选择"的既简便又直观的工具，它能将各个行业以一种形象化的方式呈现在青少年面前，然后根据自身的兴趣爱好对不同行业进行排序。

我是10年之前构思出"选择"这种测试工具系统的，当时我们学校承接了一项冗长繁复的计算机辅助决策工程。这项工程显然是不适合所有人的——由于很多青少年不理解深奥的程序选项，或无法按时完成电脑设置的海量题目而导致整个项目的进程受到了影响。在这种情况下就需要设计一种简短直白、吸引人的答题方式，以便帮助学生对自己的兴趣爱好进行排列。

新设计出来的程序是以进入可视界面开始的，可视界面上先会显示出一些普遍性较高的行业的关键词，每一个分界面都有某一特定行业的技能描述、该行业内的典型工种以及工作环境的示意图。参加测试的学生需要选择该行业对自己的吸引度大小——分别为"非常感兴趣"、"很感兴趣"、"有点感兴趣"和"一点都不感兴趣"，同时需要在感兴趣的行业中勾画出自己最想从事的工种。测试中即便是之前没有职业发展设想或者未曾进行过计划、组织、分析能力锻炼的孩子，大多数也非常清楚自己将来是否想要培养哪些方面的技能。选择完成之后，系统会自动生成一份报告，分别显示对应孩子四种不同兴趣程度的行业类别和工作内容。实际上不论哪个年龄段的人群，都对这样的简单明了的测试方法非常满意，通过这种测试，大家都能找到适合自己的起点，拨开云雾见光明。

在初步分类的过程中有很多辅助性的基本工具。对于青少年来说，似乎也都能起到不可思议的神奇功效——帮助他们快速认清自己的特点，进而兴奋不已地找到适合自己的职业倾向。下面我将抽取其中一名青少年麦特的具体案例来帮助大家更好地理解这一分析过程，认识到不同阶段适合运用哪些不同的分析方法。

麦特今年 17 岁，即将高中毕业。参加测试之前他的想法是既然自己还没有想好要做什么，不如毕业后先歇一年。以前麦特也考虑过学习航空电子元件的制作工艺，但是感觉不太合适就打消了这个想法。可以说他没有成形的规划。麦特很有创意，他喜欢音乐，也会玩乐器，动手能力也不错，所以他觉得自己是不是可以通过帮助找出适合自己的职业倾向。

通过"选择"工具系统的帮助，麦特在显示屏幕排出了自己感兴趣的行业类别。在"非常感兴趣"的一项中，他选择了表演艺术，并且重点勾出了"娱乐"和"表演"这两项具体技能和"音乐家"这一具体工作；在"很感兴趣"一项中，他选择了机械电子领域，勾出了"安装、装配、修理"技能及电气工和电子技师两个工种。最终，职业探索量表测试得出的结果是麦特为 ARI

型（艺术型＋实际型＋调研型）人。声光技师的工作命中了麦特倾向类型的中心。

我把这一测试结果解释给麦特听，然后从网上找来了一个技师的视听教程，教程上有一个年轻人进行数字灯光投影测试的场景表现。我于是对麦特说："我想让你看看这个网页，稍后请你告诉我你的感觉。"话音还未落，麦特就兴奋地打断了我："现在我就可以告诉你——我非常想学这个东西！"麦特看了网页上的大纲介绍，得知这个课程就是学习如何操作数字和模拟录音设备以及数字灯光投影设备等，每看到一条新的内容，麦特就变得更加跃跃欲试。这个网上课程、这个专业，还有以后的就业前景都很吸引他，麦特找到了属于自己的道路，知道该从何处努力，所以他非常满意。

孩子在不同的阶段会经历不同的职业困惑，一定要适时各个解开。

（2）解惑过程详解

从麦特的例子中我们可以清楚地看到解开职业困惑所历经的各个阶段。只有完成整个过程，才能使青少年得到满意的答案。

①阶段一关键词：困惑
状态：走入职业迷宫

这个阶段青少年是被五花八门的选择所包围，会遇到各种问题。他们内心的想法也是一会儿一变，拿不定主意。

心声："有这么多可选的，但是哪一个才是适合我的呢？这个？或许还有更好的吧……"

②阶段二关键词：吸引
状态：找到了一个大概方向，注意力逐渐集中到某一两条道路上

在这一阶段，最能帮助青少年的就是一些简单的锻炼，让他们考虑一下不同行业中有哪些是自己感兴趣的工作，然后根据直觉排列吸引度大小的顺序。

心声："跟那个比起来，我更喜欢这个。这项

工作看起来真得很有意思。嗯，我一点也不喜欢另
外这项工作。我想了解的是……"

有了明确的目标，孩子们就会比较放松和满意了。
今后他们可以集中精力投入到进一步缩小的范围，抛弃
不适合自己的，没有前途的，然后找到适合的工作。如
果能通过测试得出一份指导性的报告，那么青少年就会
觉得已经取得了不小的进步；甚至对于某些长期处在困
惑中的孩子来说，能找到努力的方向就足够了。

③阶段三关键词：导向分析
　状态：找到最适合的发展方向

更进一步的职业测试能够帮助孩子加深对自我的了
解。在麦特的案例中，通过职业探索量表测试，他了解到
自己的特点是创意和实际操作，了解到自己的兴趣爱好和
发展倾向有专门对应的培训课程和工作机会。不仅如此，
麦特还知道了自己选择该种工作的内在原因。最后，在那
么多的候选项中，他还找到了最适合自己的那份工作。

④阶段四关键词：解决方案
　状态：循着前方的指引走出职业迷宫

一旦明确了努力的方向，理解了某一具体职业适合

自己的缘由，那么青少年就会主动进一步探索，拓宽自己的知识面，深入了解自己需要进行的培训和锻炼。

心声："这里有一份这项职业的具体工作内容描述——我是否愿意做这些事情呢？答案是我愿意！"

此时也正是进一步探讨专业选择的最佳时机了，这时候也应该检查一下自己是否有动力有信心面对将要为之奋斗的方向。

心声："这就是我今后将要学习的课程了，我对这项课程感兴趣吗？答案是肯定的"。

到了这个时候，青少年就能利用上之前收集的信息数据库和各种宣传材料了。在信息源方面，政府部门的权威数据库是最有用处的，这些数据库中不仅罗列了各大职业的具体工作内容、需要培养的职业技能，还提供了相关的专业培训课程供人选择。请注意，除非你已经完成了缩小范围的任务，找到了适合的职业方向，否则这些大型数据库还是起不到应有的作用——青少年非常不愿意在茫茫信息库中逐一寻找，这种守株待兔的方式不是他们的意愿。但是如果已经做好了选择再来搜索数据库的话，就能直接进入下一层面的抉择："我要选择哪一个课程？这个课程的长度和那个课程有什么区别？哪一个才是最适合我这个专业的课程？"此处也是显现家长解说职责的重要之处了——像上面这种分析和推理要让孩子单独完成可能有些困难，因为这些因素还会牵扯到人力、物力和发展机会等复杂多变的因素。

解惑过程一览及职业抉择的必要参考资料

第一阶段：	困惑
状态：	走入职业迷宫
自我认知：	"我不知道"
参考资料及工具：	

第二阶段：	吸引
状态：	找到了一个大概方向，注意力逐渐集中到某一两条道路上
自我认知：	"跟那个相比，我更喜欢这项职业"
参考资料及工具：	吸引力法则、兴趣爱好清单、自我认知工具

第三阶段：	导向分析
状态：	找到最适合的发展方向
自我认知：	"我知道为什么这个更吸引我，更适合我"
参考资料及工具：	性格特质倾向、自我认知工具（例如：SDS职业探索量表）

第四阶段：	解决方案
状态：	循着前方的指引走出职业迷宫
自我认知：	"我知道自己想做什么还有为什么想做。现在到了了解应该如何做的时候了"
参考资料及工具：	职业信息、工作内容、培训课程、职业前景的数据库

（3）选课

选择课程和科目的时候，可能只需完成阶段二或阶段三就可以了。下面引入的是詹克的案例。15 岁的詹克找到我，想让我在选课方面给他出出主意。

詹克在英语和地理两门课上表现很出色。比起生物课，他更愿意选择历史。但是他也不知道是不是应该就此放弃所有的理科课程。詹克的选择报告结果显示，他对销售和市场工作"非常感兴趣"，愿意和人打交道，有掌控感，愿意协作；詹克"很感兴趣"的项目是艺术和媒体行业，他很喜欢从事沟通和协作方面的工作，也很愿意自己开家公司当老板。

詹克的职业探索量表测试结果是 ESA 型（事业型＋社会型＋艺术型）人。他一边看着六边形导向表，我一边问他："你觉得这个结果说明了什么？"他答道："意味着我从此以后再也不用学理科啦！"詹克的回答是正确的。要是在自己喜欢的课程上付出更多努力，进一步培养和提高沟通技能以及描述技能，那么他还能取得更好的成绩。历史这门课程就是这样一种很适合他的努力方向。对于詹克来说，选择自己喜欢的课程、争取优异的成绩就是最好的选择。

得知适合自己的发展方向还包括广告和市场行业时，詹克也感到很高兴。那么测试到了这一步就可以暂时告一段落了——有了这么多可以努力的方向，足以让15岁的詹克逐一探索测试报告建议的行业领域，进而缩小范围，找出最适合自己的职业方向。

知其然知其所以然，方能增强职业道路上的自信心

很大程度上来说，在明确自己的职业倾向之后，青少年自信心的来源取决于知其然而又知其所以然的明了心态。在麦特的案例中，他就是明确了自身特质、职业导向和相关培训课程之间的联系。在这种情况下，麦特就能够信心十足地、毫不犹豫地追寻视听教程中展现的数字灯光领域的工作。同样道理，詹克也是看清了自己职业导向指向某一特定行业的原因，明确了凭借个人喜好做出的选择能够带领他走向成功的缘由。因此，带着这份知其然而又知其所以然的自信，麦特和詹克两人都能在今后的学业中进一步完善自己的选择。对于他们来说，走出职业迷宫的地图已经是拼出了好大一块——他们加深了对自己的认识，这就能指引他们逐渐找到走出迷宫的正确路径。

也就是说，要想让孩子顺利走出职业迷宫，关键在于合理利用相关资源，帮助他们边进步边加深对进步方向的认识和理解。只有深刻正确的自我发现和自我认知才能够带动辅助工具的引导作用。只是得出一个结论或

是求得一种简单的结果，对于青少年来说是远远不够的，如果还是一个只会让他们感到困惑的答案就更不达标了。青少年需要的是了解某一具体职业适合自己的详细原因，明确自身特质是如何串联成完整的能力倾向图的。只有这样，他们才会充满信心和动力地锻炼自己。同时，是否真正热爱自己所学的东西，对学习效果的影响往往是巨大的。

面对如此之多或简单明了、或复杂难懂的指导性参考资料和测试工具，很难说其中某种方法总是能起到良好的指导作用。我们每个人都是一个独一无二的个体，不同的指导方法也不可能适合每一个人。不过根据我的经验，那些复杂的在线测试工具比较适合善于分析数据，也就是比较适合20岁以上思考能力较为完善成熟的人群，而通常不太适合广大青少年朋友。我在本章中向大家介绍的简易自我导向测试工具就是经过实践后效果比较理想的方法。利用这种方法，有很多家长在没有专业咨询师帮助的情况下就能够在家中得心应手地使用，也有很多青少年朋友在自测时能够很好地理解并得出满意的答案。

你知道自身性格特质对选择课程的影响吗？

◎ 澳大利亚的一份研究报告指出，通过霍兰德教授的人业互择理论和职业探索量表调查受测者（即将毕业的初中学生）的兴趣爱好，能够为其课程选择规划打下一个非常牢固的基础。

◎ 通过此种测试探索个体的发展方向是一个非常理想的自我认识过程。通过这种途径，青少年可以找到适合自己的初步发展方向，进而在学习中得到相应的指引，并且在选择专业时有所依据。

◎ 相关课程选择研究表明，女孩子做选择时往往会从内心的想法出发（例如兴趣爱好），而男孩子则多是受到外部力量的影响（今后工作的相关信息）。

◎ 对将要选择课程和科目的青少年来说，通常我们的建议是"不要急于下结论"。但是，有时候这种建议也是一把双刃剑，不但不会给孩子点明出路，反而会令其更加困惑。在这种情况下，青少年也许会放弃真心喜欢又比较适合自己的课程，转而选择毫无兴趣和收获可言的科目。那么长此以往，他们就会形成忽略内心想法、没有主见的习惯。

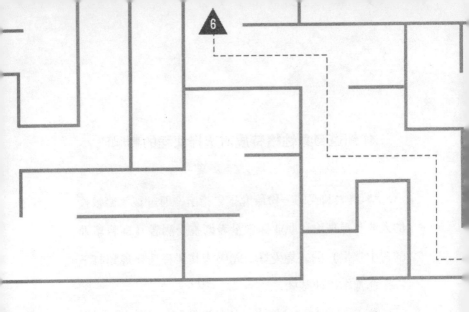

第六章
来自同龄人的影响

青少年时期，孩子的头脑中也许会冒出很多的未来自我设想。那么这些未来自我设想，这些关于"将来我要做什么"的想法是从何而来的呢？

从根源上来讲，青少年的想法来源于他们的人生经历，这些来源包括接触到的事物、从父母身上学到的东西、来自媒体宣传和朋友之间的影响。社会关系对孩子思想的作用非常之大，不仅能够改变他们的人生观，还会影响到他们的理想。面临职业抉择、处于就业压力的时候，青少年就会通过自己的社交圈子过滤和分析需要处理的信息。

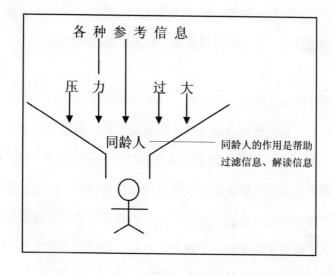

以上图示中表现出的过滤作用就是同龄人和青少年的其他社会关系网成员凭借自己的喜好筛除不赞成的信息。不过，如果青少年和自己的同龄伙伴探讨自己的职业观念并征求意见，那么这种谈话可能会起到积极的作用，也可能会有所局限。孩子的朋友可能对某些职业的价值和社会地位认识不全面，还可能朋友之间会互相误导或是提供错误的信息。另外，同龄人之间会产生相互竞争、相互比较的心理，他们还会否定那些自己不熟悉的、不感兴趣的职业目标。这样的话，青少年就不会考虑那些非常规的职业观念而失去原本适合自己的发展方向了。

面临职业抉择、处于就业压力的时候，青少年就会通过自己的社交圈子过滤和分析需要处理的信息。

因此，不管能力高低，只要相互促进的同龄人凑在一起，就能互相鼓励以争取更大的进步；而如果在学校表现一般又甚少受到家长赞扬和鼓励的孩子凑在一起，那么就会得出毕业后继续深造就是浪费时间、应该立即工作的结论。像这样的情形对某些孩子来说可能就是走入了职业迷宫中的一个死角；当然，我们也不排除还会有些孩子能从中找到出路的可能。

抛开青少年是否应该继续深造这个话题不谈，毕业的时候他们都会面临职业抉择这个问题。如果感觉找到出口的过程太过艰难，那么也许有人就会索性放弃抉择的过程，干脆一边玩一边找份工作试着干。即使出现这种情况，各位家长也不必着急，这种拖延策略也不见得就一无是处，只要孩子的观念中还是以"工作"为中心就好了。其实实际参与到一份工作中来也是帮助孩子通过实践认识到自己兴趣爱好的一个很好方法——即便找到了不喜欢的工作，至少还能让他们知道哪些行业是自己将来不想从事的。

不管出现的是何种情况，同龄人之间的对话所产生的影响都是巨大的，所以各位家长就需要了解孩子们有关职业谈话的具体内容，一旦发现了其中的误导性观点一定要及时纠正。家长还要成为孩子的坚强后盾，支持他们在职业道路上的探索。假如你儿子决定参加一个培训或是到某些行业实习，而他的朋友中没有做此打算的人，那么他就非常需要来自你的支持和鼓励。同样道理，如果他决定早些进入社会，那么他也非常需要你帮助他保持边工作边深造的动力。

15～16岁的小男孩儿如果学习成绩比较一般的话，就不愿对今后的学习进行规划，他们会觉得只要上过学有一定的文化基础就可以尽早毕业走向社会。这样的群体中会比较关注某某挣了多少钱，某某是否"混得好"，还会互相传递"上班比上学要好"的思想。很多年轻人都觉得遇到需要某项技能的工作再学习也不迟。但是过早毕业往往意味着他们还没有积聚足够的资本，敲开好工作的大门。

如果遇到自己的孩子整天不开心，成绩也不理想的情况，家长最好向孩子传授找工作的过程中也能学到知识的观点——你需要告诉孩子工作当中同样能够培养相关的技能、接触到某一领域的专业知识，还能从前辈那里学到一些宝贵的经验。家长遇到这种情况一定要给予孩子充分的信任，还要充当他们坚强的后盾——坚定孩子最终一定能够取得成功的信心，陪伴他们逐渐摸索出适合自己的发展道路。

　　比利 16 岁的时候离开学校进入社会。他毫不掩饰地承认，当初离开学校的时候，最想做的事情就是跟自己的一大帮哥们儿一块出去玩，还有就是找个理想的冲浪场地尽情玩耍。他的朋友告诉他澳大利亚黄金海岸有一处叫做库尔加塔的冲浪地点。比利听了朋友的建议于是搬到了那里居住，然后在当地找了一份道路建筑的工作。通过比利的讲述，我们可以了解这份经历最终对他的人生观产生的影响。

　　"刚开始的时候我是为了找个机会挣钱——那份工作报酬还不错，而且轮班制度使我还能有充足的时间冲浪，但是过了不久我就发现自己对道路和民居这些基础设施的建设以及其紧凑和谐的美感非常感兴趣，于是对工程建设着了迷。当时我的哥们去做了实习——一个是建筑工人、一个做了砖瓦匠。所以我就想，我应该学点什么然后拿到个在职培训身份再进入建筑公司。之后我学到了很多的知识和宝贵经验。

争强好胜、磨砺自己是所有孩子的愿望，家长充分的信任和支持是他们成功的最初源泉。

比利喜欢和哥儿们在一起。

他在库尔加塔做一份道路建设的工作。

轮班制度让他有充足的时间去冲浪。

图纸

渐渐地他开始着迷工程建设。

他想要学点什么，然后拿到在职培训加身份，再进入建筑公司做管理层。

比利的故事告诉我们，青少年天生就有争强好胜、磨砺自己的渴望。虽然对于某些孩子，尤其是受教育程度不高的来说，这个过程并不轻松，需要徐缓图之，但是从长远角度来看，他们都能达到自己的目标。不过，还请各位家长注意，如果你能给予孩子充分的信任和支持，那么他们努力奋斗的时候就会感受到你的莫大鼓励，也会更加自信。

加入到孩子中间，参与他们的交流过程

随着时间的推移，孩子们逐渐长大，他们和朋友在一起相处的时间也会越来越多。那么对于父母来说，就需要学会变得消息灵通了。这就是说，家长要时刻保持关注，不要被孩子排挤到谈话圈子之外。要做到这一点并不难，只要注意在日常活动和谈话中积极地与孩子和他们的朋友沟通、并且敞开心扉就可以了。如果你不是无趣的人，又愿意跟孩子及其朋友分享自己的兴趣爱好、加入他们的谈话——也就是说要时不时地"忘记"自己的家长身份，只专心倾听孩子的说法，以一种轻松开放的姿态加入他们——那么你就一定能够听到他们对人生梦想的讨论，从而了解他们的想法。

如果你想从孩子那里得到呼应，那么就要表现出尊重

孩子、重视他们的意见的态度，主动了解孩子的朋友，不要用挑剔的眼光看待他们，与孩子们分享自己面临选择时的人生经验，以及曾经得到过哪些帮助。你不带评判色彩和家长架子的作风一定能向孩子们传达出这样一个积极的信息——在你的眼中，孩子和他们的朋友是成年人，有进行成熟严谨谈话的能力，彼此之间进行的这种谈话对于未来的职业抉择非常有意义、有帮助。如果能做到这些，还能不掺杂评判或轻视眼光地认真倾听孩子们的谈话，那么你就能和孩子之间建立起良好的互信氛围，下次有这样的谈话，同样还能够加入进来。在谈话中对于家长来说很重要的一点就是不要打断孩子们的交流。等到你发觉自己真能起到助推作用的那一刻，你就会切实感受到自己的这一番努力没有白费了。

家长要时刻保持关注，不要被孩子排挤到谈话圈子之外。要做到这一点并不难，只要注意在日常活动和谈话中积极与孩子和他们的朋友沟通并且敞开心扉就可以了。

建立互信关系的重要意义

也许各位家长会觉得学校才是获取职业信息和参考资料的最佳来源。不过相关研究表明，现在的青少年更加偏向于依靠切身体验和其他可靠消息来源，而并非那些大学和专业学院等相关机构的大规模营销宣传参考资料。请各位家长注意，现如今的青少年是在大量宣传包围下成长起来的一代人，他们非常熟悉炒作和各种天花乱坠的宣传手段，对于这类信息他们也都知道不可尽信的道理。一份来自英国的研究指出：

虽然应该说我们都生活在信息时代，但是现在的青少年在面临职业抉择的时候更加相信自己的亲身经历和可靠的人脉关系。而那些网页、宣传册子和官方发布的数据跟亲身经历和来自熟人的间接经验相比则要逊色多了。对于青少年来说，自己的社交圈和父母是最值得信任的信息来源。

另一项来自加拿大的研究报告调查了 400 位青少年面临职业抉择的选择参考信息的习惯，并着重研究了各种信息来源的有益性。结果显示，有 40% 的青少年在职业抉择的过程中不知道应该向谁求助；有 38% 的人感觉自己要找到需要的信息必须多方求助，而且这个求助的过程非常繁琐。接受调查的青少年还认为，信息来源的可靠性与自己最终获得的收益成正比。

对于调查中那些不知道自己该从何处获得参考信息

的青少年来说，如果他们的父母能够帮助孩子锁定参考资料的来源，提供一些必要的帮助，那么孩子将会获益匪浅；而那些在寻找信息过程中苦苦挣扎的孩子同样需要来自父母的帮助——详情请见本书第三章中涉及到的父母解说员角色（即帮助孩子分析职业抉择中的各方信息）。总而言之，消息来源越广泛，孩子就越需要来自身边最亲近的人的帮助。

社会风气及能力地位对职业抉择的影响

青少年做出的职业抉择往往都是为了获得对自己重要的人尤其是同龄人的信任。在某些青少年群体中，如果遇到学业水平各有高低而某些选择又会伤及彼此友情的情况，那么这些孩子就不会互相讨论自己的发展方向。因此，在教育和学业抉择的过程中，同龄人起到的作用是非常关键的——具体影响就包括讨论并认定哪些大学是公认的好学校，哪些专业是青少年应该选择的，孩子心中的这些想法都会受到同龄人的影响。同样地，孩子选择大学和专业的时候也会受到家长对某些院校的看法和父母价值观的影响。

凯特和她的朋友都在新西兰最大城市奥克兰的一所名校上学，她们各方面的能力表现都很出色。采访中凯特是这样向我描述同龄人对她择业观的影响的：

"我们在一起经常讨论将来想做什么——对于未来，我们大都希望能干一番大事业——所以除非立下像是当律师这样的宏大目标，我们不会轻易谈及自己的梦想。我们这些人当中没有人会说自己将来想当老师，也没有人吐露想当技师的念头。为了不让别人笑话自己，我们一般都不谈论这方面的话题。因为我们都知道有些工作肯定是好的，而另外一些听上去就不那么理想。比如说吧，我曾经想在博物馆里工作，但是要是说自己想从事管理方面的工作就好听多了，这种说法听上去不错，还让人琢磨不清。"

对在职业规划中存在自卑心理的孩子，
家长一定要表现出大力支持的态度。

凯特和她朋友对于流行职业和普通职业的划分理念与青少年自我导向型职业抉择完全是背道而驰的。同时，如果孩子的自信本来就不足，那么一旦遇到质疑，他们就会更容易自卑，更怀疑自己的自我认知是否正确。

这个时候父母就应该表现出大力支持的坚定态度，并且鼓励孩子坚持梦想不轻言放弃。举例来说，如果你有一个像凯特一样的女儿，那就需要随时跟进了解各大博物馆的实时资讯，并且明确表示你对女儿理想的支持和肯定。从凯特的故事中我们应该学到的是，在进行职业选择思考时，切忌令自己的思维陷入僵化的境地，随波逐流地形成职业种类的高下之分。

不过，任何事情都不能绝对，同龄人之间的互相影响也有积极的一面——至少女孩子之间能够互相促进。一份来自英国的报告指出，如果有出色的朋友做伴，女孩子将会获得极大的益处，并且这种互相促进的友谊力量能够帮助高中女生获得极大的学业进步。对于女孩子来说，朋友的学业表现是否优异十分重要。如果能有各方面表现出色的好友，那么她们就敢于挑战高等数学和尖端科学等专业。

对于女孩子来说，成绩出色的好友能起到典范的作用——这些人勤奋刻苦、成绩优异，能够帮助建立起友好竞争的学习环境，还能提供情感上的支撑力量。

不过，这个结论放到男孩子的身上就不灵验了。究其原因，负责这项调查的研究人员 C·马勒以及 C·里格尔－克拉姆认为，根源就在男性和女性面对竞争时的不同反应。

女孩子似乎明白可以通过共同努力的方式互相支持，她们之间互相竞争但同时也能互相促进，她们在学业上取得成功，都是这场竞争的赢家；而当男孩子来说，更多的是胜者为王败者为寇的心理在起作用，在他们眼中只能有一个胜者，也只能争个你死我活。

体力和技能性工作逐渐回暖

近二十多年以来，上大学这件事逐渐演变成了一个能够彰显成就和地位的标志，而往日那种体力工作和脑力工作都需要一定的技能、并没有高低之分的观念似乎随着大学文凭的流行逐渐被人们淡忘。目前，同样专业毕业然后进入同一领域工作的情况非常普遍。经合组织成员国内的各个政府也起到了推波助澜的作用——为了提高人口素质，迎接新技术时代的挑战，这些政府部门推行了敦促更多青少年走入大学的指导政策。

其结果就是，众多青少年一窝蜂似地涌入大学校园，而且还有许多都是奔着法律和管理专业去的。由于商业及信息技术等专业广受欢迎，并且家长也鼓励孩子以此作为将来工作的重点领域，很多高等教育培训机构索性就取消了体力劳动型工作的相关培训。同时，随着体力和技术型工作从业技能要求的不断攀升，这两类工作越来越远离了大众的视线，甚至还有逐渐成为冷门专业的迹象。而对于那些实际应用型、动手能力较强的青少年来说，就会失去取得更大成功的机会，选择了理论性较强的专业后，这些孩子成功的机会就会大打折扣。

迪恩是个美国小伙子，有一次他跟我谈起了自己家乡加利福尼亚州的大学教育压力现象。

"在我认识的人当中有很多人都觉得上大学就是浪费青春，他们都说自己更愿意学点技能。我的这些朋友上了大学也选了专业，可都不是出于自己的意愿。身边所有朋友都是这样，他们也没法选择。要是上大学拿不到毕业文凭，是非常丢人的一件事。我也上了大学，但是即便现在我得到了文凭，我也不知道自己有什么拿得出手的能力。

值得庆幸的是，当今社会技能人才的缺失令体力劳动薪酬逐渐升高，技能专业学生也能获得补助，这一切都说明体力工作和技能性工作正在重回大众视线，逐渐找回昔日应得的重视。越来越多的家长在跟我交流时都透露出一个意向，那就是如果自己孩子喜欢又确实适合的话，那么他们也愿意让自己的孩子朝这方面努力，积极发展。

"知识"热门与"信息"冷门

英国研究人员 S·鲍尔和 C·文森特专门就"热门"知识和"冷门"信息的区别进行了研究。据研究报告指出，青少年对来自亲身实践和熟人的知识更加信任（这种知识被鲍尔和文森特称为"热门"知识）；反之，对于来自学校、教育咨询机构以及互联网的"冷门"信息，也就是那些家长们很可能极为依赖的参考资料，青少年反而不太信任。

虽然说现在的青少年非常会利用互联网搜集信息、下载音乐、寻找商品的供应商资料，但是遇到需要搜索职业抉择的相关信息时，他们就不会参考这些"冷门"来源了。毫无疑问，出现这种情况的原因是这些参考资料只能提供简单的职业信息，而不能针对每种情况对不一的个体提出适合的方案——由于不了解个体的性格特点，所以无法提供适合的指导方针，那么也就无法进行互动式的对话，也无法提供直接或间接的经验以供参考。而那些"热门"知识则是指来自具体实践和真实社会交往中的认识和信息，这些才是现在的青少年面临职业抉择时最为看重的参考信息。

　　安娜就不会向学校里的职业咨询老师求助，她是这么说的："我真的没想去咨询，学校里的咨询处作用不大。"临近高中毕业时，安娜去了一趟就业博览会，然后研读了一些网站信息，但是这些对她的帮助都不大。安娜还去看了看自己即将报考的大学，了解了一下将要选择的专业。

　　"对我来说最大的帮助来源于实际沟通——我到自己即将报考的大学里去，跟导师们聊了聊，听取了他们的建议，之后我就心里有谱了。我明白了自己有能力完成该专业的学习计划。不过话说回来，报考之前要是有大学学长或学姐来到我们学校给我们作报告就更好了。"

● 有直接经验的人士的就业指导对家长和孩子来说是很必要的。

由安娜的例子我们可以看出，她真正需要的就是所谓的"热门"知识。安娜希望得到的帮助是来自现实中已经处于这个位置的人——也就是有直接经验、可以和她务实地谈论专业选择的人。

现象：学校提供的信息比较有限

学校职业咨询老师的多少以及他们对学生帮助的大小都影响着校方资源的利用效果。有些高年级学生根本得不到职业咨询指导，因此往往在面临抉择的关键阶段也很少有机会接触到学校配备的咨询老师。可以说面对个体的高效职业咨询在学校里是很难达成的。

海外的相关研究报告指出，学校在职业选择指导中过于依赖信息系统，而这样做对青少年学生的帮助几乎为零。一份来自英国的报告调查了 23 所院校共计 1 152 名学生，结果显示，绝大多数学生对学校提供的职业咨询指导和相关支持性工作感到不满，只有很小一部分的受访者认为在职业抉择中学校的工作做到了位。

可以看出，参加上述研究的学生对自己从学校那里得到的帮助都是持否定意见。对于大部分学生来讲，那些学校专门为他们设置的择校择业信息可以说是无足轻重的。面对这些海量信息，学生们的说法是，"如果自己要面对大量的阅读和分析工作，那么就对这些信息毫不感兴趣"。学生们不愿意看传单、填写表格，或者是被迫在图书馆里查资料。

- "我们不想看传单。"

学校提供的信息系统是由传单、图书馆、网页宣传以及与老师谈话这些方式组成的。而实际情况是，与之相比，实践活动对学生的影响就大得多了。即使是职业选择的专家讲座，在学生看来也不如获得第一手信息来得重要——这些一手信息就是实习经历或者是从实际工作者那里得来的间接工作经验。

- 对青少年职业抉择有帮助的是……

上述介绍的参考信息中，英国学生普遍认为直接的工作经验对自己的帮助最大。这一结论早在我们的意料之中。实际工作经验不仅可靠，还能帮助青少年对自己感兴趣的行业有个清晰的认识和感知。通过实践，他们可以了解自己是否对该项工作抱有热情，还可以明确自己的职业导向是否与某一具体工作环境吻合。

此外，高等继续教育机构还会向学生提供像"一日旁听生"或体验课程等常识性学习计划。这些都能让学生通过坐在教室学习的方式了解自己选择的专业，以及是否对此感兴趣。这样做对他们有莫大的益处：通过切身体验感受将来的学习状态，并且有机会了解该专业是否适合自己。不过，在这里我想要提醒一下各位家长，你不能完全依赖学校给孩子安排的这些"体验"型学习项目，你还得多跑跑，亲自了解并联络这种实践的好机会。

●在依赖父母帮助的同时，青少年还会向朋友寻求帮助。

通常来说，上面谈到的那些受访学生会倾向于向家人、朋友或是关系比较密切的老师求得帮助。这些人是他们心目中的"公正第三方"，也能为其提供比较有价值的信息和指导。也就是说，孩子们期待你的共鸣和你客观的建议，而不是批评。这里不妨请各位家长回忆一下本书第三章中的相关内容，也就是家长帮助孩子走出职业迷宫过程中应该承担的角色——园丁、解说员、笃信者，等等。如果你能在与孩子进行职业选择沟通时尽到上述职责，那么我相信，孩子一定能够获得极大的帮助。

你知道什么样的社会关系网对孩子有帮助吗？

◎ 对于青少年来说，走出职业迷宫的决定性时刻就是在实际操作经验的指引下、在社会关系网的帮助下按图索骥，逐步找到正确方向。

◎ 在职业抉择的过程中，信任关系是非常关键的一个环节。这种信任关系更多是建立在个人的社会关系网的基础上，而不是建立在像职业指导信息这种抽象的专业系统上。

◎ 青少年的亲身经历——他们的社会关系网、人脉资源才是在职业抉择过程中对他们最有帮助的——包括为其增添自信，坚定自己追求目标的信念。

◎ 工作经验对大多数人来说是意义最为重大的中转站，这些实际经验能帮助青少年监测自己的发展动态。而社区环境下的学习实践更能帮助青少年，即通过亲身体验了解现实生活从而认识到其中的各种职业。

你知道哪些情况对孩子没有帮助吗？

◎ 如果家庭和社会在帮助并指导青少年进行职业抉择这个问题上持有消极或否定的态度，并且不准备表达认可和强力支援的信念的话，就会给孩子的职业抉择拖后腿，也会令其丧失克服困难、迎难而上的决心。

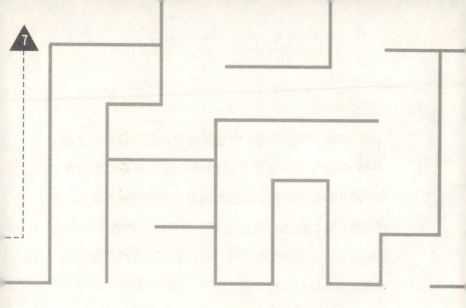

第七章

培养职业技能，提升就业能力

强烈的自我意识是一种宝贵财富，它可以对职业的长远发展和就业技能的培养起到至关重要的作用。那些具备了自我认识能力的青少年同时也具备了审视反思自己的能力，他们能够追问自己是否适合现状，能够对自身的才能做出评价，能够采取必要的措施来改变现状提高自身技能水平，等等。这种自我意识对未来职业生涯的自我管理是极其重要的。

自我评价是一种达到自我认识目的的重要策略，是一种对自身进行反思追问的能力：

▶ 我是怎样处理那件事情的？

▶ 我怎样才能做得更好？

▶ 我是怎么做好的？

▶ 我需要学习些什么？

具备了这种能力的年轻人在他们步入职场之后会比其他同辈人更胜一筹，会成为公司的巨大财富，并且得到上司的赏识。

新千年构建完善的就业能力

在21世纪的今天，整个世界的就业形势发生了巨大改变，各行各业对应聘者就业能力的基本功要求五花八门。"就业能力"一词涵盖了获得和维持一份工作所必需的各种技能。比如你的孩子在获得某项工作时所必需具备的一些技能，这包括他如何得到这份工作，如何胜任这份工作，如何在工作中成长和提高等多方面的能力；如果你的孩子愿意的话，他甚至可以在这一职位上承担其他的工作任务来进一步锻炼自己的工作能力；在必要的时候，他还可以继续努力去争取更满意、更能实现自身能力或志向的工作。就业能力表明你的孩子有足够的能力来胜任这份工作，这些能力表现在他们能够紧跟时代潮流，不断学习，对自身职业发展具有前瞻性。同时，他们必须明白就业能力与个人的工作责任感紧密相联，机会永远把握在他们自己的手中。

在经济飞速发展的今天，各行各业都要求工作者应当具备更加全面合理的技能组合，这涵盖了自我理解能力、学习能力、灵活运用能力，以及终身学习的能力等各个方面。信息时代，好的工作需要员工具备良好的分析研究能力。在工业化经济时期，阅读、写作、理解说明、谨遵指示可以说是最基本最实用的工作技能。然而时至今日，这些技能已经远远不能满足现代工业的发展需求。现在是信息技术高速发展的社会，信息化经济需要人们普遍具备一套新的读写技能，这包括计算机和互联网读写技能、利用全球互联网信息资源的技能，以及将这些技能应用到日常商务活动和生活中的能力。因此，青少年要想成为一个技能全面的工作者，需要在学生时期就开始合理地培养各方面的基本功。

　　基本功也可以被称为基本技能，这些技能是人在工作、学习和生活中所必需的，是个体取得进步或成功的关键，同时也是个人成长和发展所需要的各种技能的基础。鼓励你的孩子考虑培养这些技能的最佳方法是让他们进行自我评估。其实绝大多数青少年对自己能干什么、不能干什么都很清楚。事实上，青少年往往很容易忽略或遗漏掉那些自身具有却常常不被他们觉察的能力，而不是过分夸大他们的能力。

基本技能

　　对于同一件事往往有不同的讲叙方式。同样，你会发现，对于基本技能也有各种各样的表述形式。一种简单明了的有效方式就是将其分门别类，划分成如下的技能组合：

（1）群体技能

　　团队合作的能力；

协商谈判的能力；

组织领导的能力；

善于倾听的能力。

（2）**社交技巧**

与人沟通的能力；

与人合作的魄力；

尊重和容忍他人。

（3）**通信与信息技能**

口头陈述的能力；

收集和评估数据的能力；

组织和介绍书面材料的能力；

掌握和使用先进技术的能力。

（4）**思考能力**

主动学习的能力；

分析推理的能力；

解决问题的能力；

创造性思维能力；

反思自省的能力。

（5）**个人特质**

责任感与可靠性；

自我管理能力；

个人动力与积极性；

奉献精神。

(6) 基础技能

阅读；

写作；

算术；

拼写。

青少年是如何对这些不同的技能进行自我评估的呢？关键在于你。作为家长，你需要鼓励孩子去思考他们会在什么地方用到这些技能，以及如何运用这些技能。这种思考练习可以激发和促进孩子的多种能力，如：

▶ 自我意识能力；

▶ 自我评价能力；

▶ 对行为和生活经验进行分析的能力——分析能力是思考技能的一种较高水平的能力，青少年需要通过实践来获得这种能力。

▶ 鉴别与认可的技能——无论是在学校还是在社会中，青少年都要践行的技能。

▶ 收集证据或素材的能力——青少年要进行这项技能的训练，以便为将来的简历写作和职位应聘做准备。

下面给出的是一个关于自我评价的实例。

技能组合：群体技能。

　　　　团队合作；协商谈判；组织领导；善于倾听。

自我评价：我怎样学习这些技能？我如何应用这些技能？

　　我是学校某团体小组的一员，正在进行一项青少年创业项目计划。

　　我们必须通力合作，相互沟通，共同努力来完成这项工作。

　　我的工作是负责与当地的各家商店协商，说服他们为我们的项目提供所需的原材料。

　　开始的时候非常艰难，后来，当我摸索出一套洽谈方法之后，我的工作变得简单多了。

　　我很喜欢在小组中所负责的工作，也非常高兴能成为小组的一员。

　　这会提高我的领导才能，使我在以后的工作中更有自信。

目的：

　　与小组成员在一起时，要多开口说话，发表自己的意见，分享自己的观点和想法，让每个人都能更加自信地说出自己的看法。

实践证明：我在哪里应用这些技能？

　　青少年创业团队；

　　组织购物中心的商家为青少年企业进行展览促销；

　　参与体育运动——我的板球队。

　　技能在自我评价的过程中可以与不同的侧面相结合，如职场和学习技能、个人和社交技能。参照下面的评价表，对孩子进行评价。你可能需要事先和孩子讨论一下这些表格的各个项目，向他解释这些技能和特质具体指什么。如果你能和孩子一同参与，对于孩子来说，这种评价会更有趣，因为孩子们喜欢大人们用这种方式向他们敞开心扉。即使经过多年的工作实践，成年人也未必精通每一种技能。因此，家长应该仿照书中所给出的模版或实例询问孩子一些问题并得到他们的反馈，以此来进行互动。例如你可以询问孩子"你认为我在这方面怎么样"、"这是我的强项还是弱点"等问题。值得注意的是，你一定要尊重和重视他们的看法和意见，要让学习在轻松愉快的氛围中进行，多进行互动交流；同时进行一些问题讨论，这样既可以让孩子从中学到知识，又可以和他们愉快地相处。这是一些简单的自我评价方法，适用于各个年龄层的学习者。

个人技能与社交技能

	学习阶段	提高阶段	掌握阶段	示范阶段
自我组织				
人际沟通				
书面沟通				
承担义务				
解决问题				
善于倾听				
可信赖性				
适应能力				
个人动机				
时间管理				
严守时间				
个人展示				
公共演讲				
持之以恒				
目标设定				

根据你的实际情况，在你认为自己最适合的技能水平栏内打"√"。请某位你认识的人（老师、家人、教练或小区邻居等）对你的"示范阶段"进行评价，在符合"示范阶段"的技能栏内打"√"。

职场技能与学习技能

	学习阶段	提高阶段	掌握阶段	示范阶段
学习的意愿				
合作配合				
阅读能力				
写作能力				
学习能力 ——能够找到有 效的学习方法				
理财能力				
使用工具				
客户服务				
解决问题				
实用数学				
计算能力				
承担责任				
电脑知识				
高新技术				
电话技巧				
驾驶技术				

与上表相同，根据你的实际情况，在你认为自己最适合的技能水平栏内打"√"。请你的老师或兼职主管为你的"示范阶段"进行评价，在符合"示范阶段"的技能栏内打"√"。

"填补漏洞"

认真考察一下你的孩子在各种技能组合上的具体情况，明确他们是否完成了自我评价的各个方面。要谨记，这不是一种及格或不及格的测验，而是一种持续的学习过程。不同的技能组合从不同的侧面对孩子进行全方位的训练。你的孩子将会了解到他们是否需要提高某项特定的技能。如果确定你的孩子需要提高某项技能的话，你也可以找到解决这个问题的办法。

例如，沟通交流是一项重要的技能，家长可以在提高孩子这方面的能力上给予孩子极大的帮助，从而帮助他们提高自信心。一个不错的方法就是坚持让您那十几岁的孩子向来访的客人问好、交谈，让他知道怎样以自信得体的方式向他人打招呼、问好是一种重要品质。即使你那处于青春期的孩子在这种情况下只是含糊地应付一两个词，你也应该坚持锻炼他们这方面的技能。只要他们坚持这样做，就会逐渐适应这件事情，也就不会再觉得胆怯害羞，反过来还会提高他们应对陌生场合以及与陌生人交流的自信。比如当他们从事一件需要同陌生人打交道的工作时，如果有良好的交际能力，那么工作起来就会得心应手。

另一种可以在家中进行实践训练的职场技能是以清楚自信的方式接打电话的技能。对于那些不够自信的孩子，家长可以事先为他们写好一份手稿，内容包括他要说什么、怎样有效地传达信息等等，并且尽可能地鼓励他们去接听电话。要不了多久，他们在这方面便会有很大提高。那些在家中处理生意上的事务的家长经常能够训练孩子这方面的能力——他们的孩子早已明白电话的重要性，并且意识到这个打电话的人可能是一个重要的客户。

　　家长可帮助孩子设定一些阶段性目标，在孩子逐步实现目标的过程中，可以有效地使孩子增强自信、明确方向、提高自身各方面的能力。你可以通过学校设置的课程来进行这项训练，因为学校的每门课程都要求学生达到某一目标，这些目标为孩子们提供了动力和侧重点。但是，不要试图把这些目标转化为强加的课程或是某些你自始至终要密切监督孩子去完成的任务。每个月回顾一下那些你所设定的目标，确保你的孩子记录下了他们所取得的每一点进步。

　　自我评价是自我认识的重要途径，也是一种对自身进行反思追问的能力：

　　我是怎样处理那件事情的？我怎样才能做得更

好？我是怎么做好的？我需要学习些什么？

在新的工作环境中，能够进行自我分析、询问自己一些较深刻的问题的青年人是最好的员工。他们不会把自己的行为看做是理所当然的，或是想当然地认为他们正在以正确的方式做事情；相反，他们不断地审视自己，检查自己是否以正确的方式工作，并且寻求改进的方法。他们更为坦诚地向他人学习和求教，因为他们不抵触反馈，雇主可以更容易地教他们想要学习的东西。在他们看来，负面反馈不是针对个人的，而是他们需要学习怎样有效地做好工作的一部分。他们意识到了自身需要学习提高的东西，因此他们能够寻求各种向别人学习的机会和方法。换句话说，他们意识到了在技能体系中填补漏洞的重要性。

如步入职场的年轻人具备了这种能力就会比其他同辈人更胜一筹，并且会成为公司的巨大财富，得到上司的赏识。

（1）成绩记录和档案

在技能、实力及品质等方面进行真实而慎重的评价和肯定对青少年来说是一种极有益处的反馈，他们应当将这些积极的反馈记录在自己的文档或列入到学习计划中。建议你的孩子创建一个自己的电子文档，收集和记录下他们所取得的每一点进步或成绩、涌现的每一个想法、设定的每一个目标，等等，每一样都反映了他们独特的天赋和实力。所有这些过程会成为青少年建构"自我大厦"的黏合剂，会为他们走上正确的职业道路积累有用的数据和素材。

青少年在学校所进行的个人文档的补充或学生的成绩档案记录同样有助于他们进行自我反思、自我评估以及自我回顾等技能的培养。一个行之有效的文档纪录需要青少年定期地进行自我评估，回顾他们所取得的进步，记录下他们所取得的成绩，并且设定进一步完善的目标。记录下这些档案、结果对培养青少年的自信心有重大作用，这是因为当他们写下自己所取得的点滴成绩的同时也更坚定了他们对自己的肯定及信任。他们也可以让其他人——老师、上司、教练或家长来为他们做记录。

下面是一个通过自我评价和回顾的方法取得进步的例子。

科目：英语

自我评价：我怎样做的?

我今年的英语成绩基本达到平均水平。我本可以做得更好，英语对我来说总是最后一刻完成的工作。虽然我能准时上交作业，但是我的分数却不高。

我最努力的科目是戏剧课，戏剧作业得了 70 分，我还参加了学校的制片小组。

我的基础写作作业做得很糟（只得了 35 分），我很不喜欢这门课程，真的不知道该如何去做。

目标：我怎样提高?

认真考虑和计划下一次作业——提早着手准备（尝试提早一个星期准备）。

要多请教他人，以便获得有关如何开始的想法和计划。

经常写日记。

实践证明：目前为止我做了什么?

完成了戏剧作业和日记。

参加学校短剧表演小组，并且非常喜欢这项活动。明年我会尽更大努力参与到活动当中。

目标设定

在学生时代，设定一些容易实现的小目标可以帮助孩子学会如何应对挑战，让他们意识到自己所做的一切，这样有助于他们养成一个良好的习惯，对以后的发展有重要作用。同时，这还有助于他们形成一种主动行动的意识："我能够靠我自己的行动来做好、学好、实现目标。"当这个世界变得充满了挑战，设定目标的过程可以培养青少年的适应能力。正如在其他不同时期对每个人产生的作用一样，一些小目标的实现有助于提高人的自信。成功地战胜了一个挑战就能够鼓舞人去战胜其他挑战，坚定自己承受挫折与失败的决心。孩子少年时期的远大抱负和梦想在其长大后往往变成更加具体的个人目标。

目标设定固然有效，然而合理地设定目标还需要遵循一定的原则。年龄稍大一些的孩子需要学习这些规则。研究表明：那些设定了目标的人比没有目标的人做得更好。换句话说，一个明晰的计划可以使一个远大的志向变得更加真实可行。那些设定了目标并且得到了他们想要的结果的青少年往往能更成功地应对由学校到职场的转变，找到与他们的能力相匹配的工作。

研究表明：那些设定了目标的人比没有目标的人做得更好……一个明晰的计划可以使一个远大的志向变得更加真实可行。

然而，设定正确的目标与找到合适的职业方向同样重要。青少年需要设定符合他们内在理想和志向的个人目标。只有这样，他们才能保持不懈的动力来朝着目标努力，只有这样，目标的实现才能给他们带来满足与快乐。因此，他们需要设定契合于自己的目标。

那些设定了目标并且得到了他们想要的结果的青少年往往能更成功地应对由学校到职场的转变，找到与他们的能力相匹配的工作。

设定目标的重要时机是在青少年处于转变过渡期时——例如，地区间的变动，如到不同的地方培训、学习或工作。那些能够有条理地计划和设定目标来解决在过渡时期必须完成的各项任务的青少年能够成功地处理这一问题。

年长的孩子可能喜欢使用一些更为正式的框架来设定他们的目标，如后面所展示的大纲框架，这样的框架能够为孩子们提供设定目标的原则。需要记住的是，这些框架应该具有明确的要求：要明确具体、要可预见、要易于完成、要实际可行、要有时间限制。

兼职对培养技能和自信的作用

兼职对于青少年积累工作经验、培养早期工作信心以及一系列有用的技能具有极大的益处。从事兼职工作可以给青少年带来很多意外的收获，其中最主要的一点就是可以增加青少年的社会经验、社交技能。许多研究表明，通过兼职工作，青少年在守时、独立性以及个人的责任感方面都有了很大提高，他们的社交技能也得到了很好的锻炼，这对他们生活的其他方面也有深远影响——比如他们与同学相处的能力。

兼职的益处包括：

▶ 学习社交技巧和具体的职业技能；

▶ 增强纪律性；

▶ 培养责任感；

▶ 挣取可支配的收入；

▶ 获得统筹规划技能；

▶ 增强自尊和自信。

青少年把工作看做是他们获得独立和自主的重要途径。一项关于青少年为何工作的调查，高年级学生给出了如下理由：

▶ 为了培养责任感和获得一种独立感；

▶ 为了挣钱买衣服；

▶ 为了不依赖父母而独立。

设定
个人目标

个人目标的设定	
（积极地陈述目标或设想，越详细越好。）	
明确我要采取的行动：	**设定每一个行动的目标日期**
1.	1.
2.	2.
3.	3.
提醒——我可能需要做：	
了解？／参观？／调查研究？／实践练习？／观察？／联系？	
行动时间表和实现目标：	

现在　　　　　　　　　　　6 个月　　　　　　　　　　12 个月

实现目标的证据——将会发生什么

我将严格按照时间表行动并且适时回顾这个计划：

[日期] ＿＿＿＿＿＿＿＿

[签名] ＿＿＿＿＿＿＿＿

许多青少年选择在超市、快餐店、餐馆、咖啡馆以及加油站等地从事兼职工作，他们学到的东西包括他们在兼职工作中所积累的客户服务方面的经验，他们对雇主和雇员的关系有了清楚的了解。青少年评论说他们的工作教会他们许多东西：

▶ 作为新人要努力工作，赢得一个好的声誉；

▶ 做你该做的事，有付出有回报；

▶ 与客户交流时要保持自信和开朗的重要性；

▶ 去适应环境，灵活安排你的日程以应对突发状况。

从事兼职工作对于在校学生来说具有积极的作用，这有助于他们积累经验，增长阅历，但家长需要从中对孩子进行必要的监督与引导。有些青少年每周工作时间很长，远远超过了一般可接受的每周 20 个小时的最大工作量；还有些孩子从事一些需要承担过多责任或较高强度的工作，他们从中得到的不是工作技能，而是过多的工作压力，结果只会导致他们在学习和社交生活中承受巨大的压力，而不是得到技能上的提高。

"休学"对获得就业技能的价值

家长常常对孩子是否应该休学感到非常困惑。青少年可以申请休学 1 年甚至几年，许多青少年都被这个想法吸引。这有多方面的原因：或许是因为他们已经在学校获得了足够的知识因此想要休息一下；或许是因为他们没有找到任何能够促使他们继续深造的动力；或许是因为他们个人在成长或摸索过程中的需要；还有可能是因为他们只是想走出校园步入社会有所作为；当然，这并不包括出国留学。许多孩子只是想得到一次工作的机会，花一些时间去了解这个世界，去认真考虑他们究竟何去何从。家长们担心孩子会迷失方向。但据我的经验，事实恰恰相反：孩子们在获得独立、自信、就业技能的过程中会找到他们的方向，并且能够更清楚地了解自己将来想要从事何种职业。

几年前，我曾遇到过一个 17 岁的孩子，他根本没有准备继续接受教育，事实上最终他也没有继续读书。但是几年之后当他重返校园，他更加积极地学习，认真地接受深造。因为在那段休学的过程中，他逐渐成长为一个雄心勃勃、踌躇满志的青年，同时他也明确了自己的努力方向，认识到如果自己不继续加强学习更进一步地培养和提高自己的话，他就得不到他想要的工作。因此他重返校园，重新拿起了书本。

以下是从澳大利亚政府职业网站（*www.Myfuture.edu. au*）

上选取的家长或监护人就这一问题的评论和观点，值得参考：

如果您的孩子花费一年的时间到处游玩儿或工作而不是继续接受教育，您可能会担心他们迷失方向。但是您应当看到，现在的企业主管或学习机构越来越重视学生休学的经历，他们把这看做是青少年学习和自身发展的重要环节。在这段时间青少年获得的生活技能和工作技能能够帮助他们从众多求职者中脱颖而出，得到雇主的青睐，因为他们展示了他们解决各种实际问题的能力，不论他们是到处游历还是只是在家工作来暂时地养活他们自己。

换句话说，在休学期间，个人的成长、成熟和学习实践可以弥补休学期间的空白。青少年职场技能的提高和个人优势的发展恰恰符合了企业主管对新世纪人才的基本要求。如果青少年能在现实生活中获得深刻了解自己的机会，那么这并不是浪费时间，反而能使他们更加自信地认识和肯定自身，从而更加明确地选择他们的职业发展方向。

你知道关于自我认同意识和自我认识的知识吗？

青少年常常在以下情况展示其自我认同意识和自我认识：

◎ 当青少年展现其个人技能、能力和个性的时候；

◎ 当青少年对考试测验进行自我评价和反思，对他们学到的东西、需要的东西和缺乏的东西有所了解的时候；

◎ 当青少年表述或展示他们对目标和价值的理解能力的时候；

◎ 当青少年拥有获得和利用反馈的能力，使自身的自我认知能力或本性得以实现和重新审视的时候。

当一个人懂得追问自己"个人经验对我来说到底意味着什么"这样的问题的时候，是对自身进行最深层次的反思和审视。这种深层次的问题对个人的发展具有巨大的潜在作用，能够引导个体认识自己和转变观念。

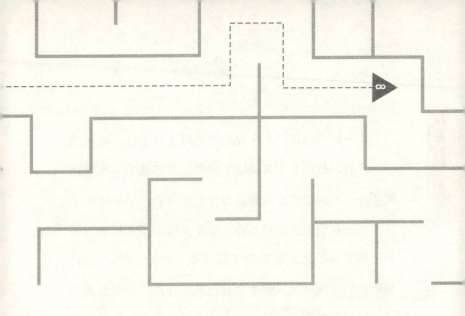

第八章
帮助迷失的孩子

十多岁的年轻人在成长的道路上并不是一帆风顺的，总免不了遇到磕磕绊绊，常常做出一些错误的选择，不能很快地找到适合自己的职业。某些结束了冗长的职业培训的年轻人经常迫不及待地步入职场，将自己新学到的知识应用到实践当中，努力挣钱。然而，如果他们没能马上找到适合自己的工作，或是发现此前的选择在现在看来是错误的，这个时候许多年轻人会感到万分沮丧，对自己失去信心。生活仿佛成了他们的对手，处处跟他们作对。这时，家长需要鼓励和提醒孩子，他们是有许多优点和能力的；要不断地告诉他们："你一定会成功！你一定会找到满意的工作！"

因此，家长需要意识到在 21 世纪的今天孩子所面临的极大挑战，因为当你对现实环境有更好的了解的时候，你会对孩子更有耐心，会给予他们更多、更有用的帮助。

青年人的职业阶段

（1）探索阶段

职业理论家将 18 ~ 28 岁这一年龄段看做是青年人

职业的探索阶段。在这一阶段，青年人处于了解自己可能会成为什么样的人的过程中——他们会探索自身、发掘自己的兴趣和能力，同时他们还会对整个职场进行探究和考察，以便能够对自己有一个更全面、更深入的认识，从而找到与自身相匹配的工作。

唐纳德·修普（Donald Super）和马克·萨维卡斯（Mark Savickas）两位专家明确了这一年龄段的青年的主要任务如下：

● 清晰定位

青年人对自身要有一个明确的定位。这主要反映在青年人对自身各种角色的定位上——对自身兴趣、能力以及价值观的认识，明确教育和职业的选择方向，使其与自我认识相匹配。

● 明确说明

开始按照对自身的认识选择生活角色，制定教育计划，设定职业目标。

● 实施执行

根据自己的选择行动起来，开始制定和实施自己的具体计划来完成设定的教育目标和职业目标，尝试各种工作。

● 保持稳定

能够从事一项职业并且从中感到自信和富有成效。

● 巩固完善

能够积攒信心，在现实社会中看到自己作为一名工作者的成功之处，克服胆怯心理，着手塑造自己的新角色和构建自己的职场生活。

如果你的孩子处于这一年龄阶段，你需要认真考虑一下他正处于哪一过程——他们是否在某个地方止步不前？并且让他们自己思考一下自己所处的位置。有数据显示，保持稳定需要花费较长的时间。青年人要尝试从事各种工作，直到找到适合自己的职业。在工作中他们能够满足自身的需求，发挥所学的专业技能和经验。大多数二十几岁的青年人的目标就是凝聚他们的全部力量尽最大的努力去实现自己，达到"巩固完善"阶段，以工作者的身份去构建理想的生活，做一个生活的建造者。

青年人在巩固完善阶段能够积攒信心，在现实社会中看到自己最为一名工作者的成功之处，克服胆怯心理，着手塑造自己的新角色和构建自己的职场生活。

（2）建构阶段

根据年龄阶段划分理论，探索阶段之后职业发展的下一个阶段便是建构阶段，处于这一阶段的人年龄大多在三十来岁到四十多岁之间。"建构"一词在这里指的是为职业生涯的构造提供必要的素材，打下坚实的基础。20世纪，建构阶段是一个人找到一个较稳定、较能把握的职业的开始。但是到了21世纪的今天，这已不再是建造长远职业生涯的必须步骤，人们发现他们对自身职业总是不断地重新发现、重新探究、重新建构。然而，最初的建构阶段对于孩子来说仍有重大意义，那是孩子向世人宣告自己已经步入成人阶段。

在了解了探索和建构两个阶段之后，我们不能忽略了这一切的重要起点——自我了解。清晰定位阶段规定的是青年人在对自己有一个清楚的认识和定位过程中所必须承担的任务，同时这也促使职业的选择和确定与自我定位相统一。如果对自己没有一个清楚的认识，青年人只是随机地选择职业，而这种随意的选择是对自身精力和财力的浪费，无异于对工作积极性的扼杀，可能会导致工作成绩或业绩的下降，以及自信心的降低。因此，培养这些阶段的各种技能是至关重要的。

合理调整各种角色

二十几岁的年轻人常会面对一些额外的挑战。这一时期的一个关键任务就是在与亲密朋友的交往中培养自己理解和体谅对方的能力，尽可能与对方形成一种亲密而浪漫的关系。难于实现自身的独立往往是这一重要过程的巨大障碍。年轻人需要属于自己的空间和独立自主性以便他们转换进入新的社会角色，但是经济问题往往成为他们的巨大障碍。随着年龄的增长，每一个人都要经历多重角色的转换——从孩子转变为学生，从学生转变为工作者、伴侣、配偶，等等。但是，这些转变往往会因为在经济上的不独立而被迫放缓或滞后。

此外，许多年轻人变成了旅游者。在 21 世纪的今天，不仅职业生涯需要我们去探索了解，地理区域和整个世界也等着我们去探索发现。休学或出国游历使青年人能够超越国家地域的界限去了解整个世界，而不仅仅只局限于了解自己土生土长的地方，这为他们的职业安排和生活方式增添了更多的机会和选择。

所有这些不同的角色都是青年人在二十几岁时需要发展和塑造的重要生活角色。一种角色的成功会对其他社会角色的塑造产生积极的影响。一个均衡、愉快、充满活力的人际关系对青年人的发展有极大地促进作用，因为它是生活和学习的整合与均衡。成功地调和刚刚步入成人行列的新青年的各种角色是一项艰巨的任务。及早的成功可以使人自信；相反，在一种角色上过早地遇到困难会损害其他方面的发展。例如，有些年轻人在经历了工作的失败或感情的挫折之后搬回家中与父母同住，他们往往会将自己孤立起来，会怀疑自己在各方面的能力：作为一个成人（"从现在起我应该完全独立。"）、作为一名工作者（"我怎么就找不到我想要的工作?"）或者是作为一个适婚青年（"我为何就找不到一个合适的伴侣?"）。

成功地调和刚刚步入成人行列的新青年的各种角色是一项艰巨的任务。及早的成功可以使人自信；相反，在一种角色上过早地遇到困难会损害其他方面的发展。

这种挫败感会对这一时期所刚刚形成的职业角色产

生不利影响——它会降低人的愉悦感和参与工作的积极主动性，减少个体对社会所做出的贡献或责任感，以及削减渴望获得经济独立的积极性。还要记住一点，这一阶段的年轻人很喜欢将自己与他们的同龄人做比较。当他们看到其他人比自己有出息、找到了合适的伴侣和感兴趣的工作的时候，他们会感到非常沮丧。

许多评论家对现今这个充满变数的不稳定时代发表评论，他们认为，现在对于人的年龄阶段的划分标准已变得越来越宽松，这意味着青年阶段可能会被延续到30岁左右；人结婚成家的时限将被推迟到50岁左右；中年人的年龄跨度将延伸到40岁以上。在这种新划分的漫长的青年阶段，青年人离开家独立生活、求职就业、获得稳定的工作、婚姻和家庭、承担养家糊口的责任与义务等，这一切似乎都被推迟了。

探索阶段的年限也极大地延长了。有许多年轻人告诉我说，他们听到这个说法的时候感到很欣慰。他们认为，他们至少在20岁时"应该明白"他们将要做什么，但他们中的许多人直到二十五六岁时还处于迷茫之中，不知道自己要干什么。他们的这种不确定感和矛盾情绪会损害他们的自信心以及职业角色的稳定和巩固。如果一个人进行的是有价值的探索，那么他所做的一切都是很有意义的。

如果一个人还没有决定或还没有找到他想要做的工作，那他需要他人的帮助使他看清楚所有的工作都是一种技能和经验的积累和收集，并且需要鼓励他将自身积累的所有经验和社会关系应用到自己的职业发展中。

毕业生的新困境

许多刚刚毕业的学生虽然结束了学业，但对自己的前途一片茫然，无法确定自己究竟将在何处找到有意义的工作，于是开始质疑自己对专业、学位的选择。许多家长喜欢问我这样的问题："你觉得文科生到底怎么样？他们好像学不到什么有用的东西，是这样吗？"这是一种极其普遍的观点，甚至一些老师和教育工作者也抱有这种看法。

在社会中，尤其是在那些从来没有接触过哲学或人类学的群体中，有一种令人担忧的趋势，这些人往往贬低文科生或通才，鼓励孩子去学习一些专业科目或特定的职业技能。幸亏有些学生能够抵制这种偏见，很好地培养了自己的写作和思考技能，他们能够在研究过程中轻松地运用这些技能，并将它们应用在工作当中。

一个即将毕业的名叫马克的学生来找我，他是一名哲学系学生，还有 6 个月就要拿到毕业文凭了。有人曾鼓励他去攻读商学位，但他并不喜欢这一行，因此选择学习哲学、历史和社会学等科目，并且沉浸其中，但他对自己的下一步不是很确定。我在见到他之后给他推荐了一些大学网站，这些网站上提供了许多关于在课程的学习中你会培养何种技能，以及这些技能如何转化应用到好的工作中去等有用的信息。最后，马克找到了自己的目标，高兴地离开了。他最需要做的事是将他所学的知识、所培养的技能联系起来应用到职场之中。在某种程度上，马克在职业生涯的迷宫中的选择似乎是正确的，至少在学习上，他实现了自己的目标。但是在工作上，他似乎找不到自己的方向，自己的所学似乎也无用武之地。

将所学知识和技能串联起来应用到职场当中是那些具有
多方面才能的孩子的关键任务。

我还有 6 个月就要毕业了，
但我觉得很迷茫，有人推荐我去攻读硕士学位。

那很好啊，为什么迷茫啊？

因为我不喜欢这一行，
我还是比较喜欢社会学、历史。

给你介绍一些网站，
你应该了解一下
专业技能如何转化应用到好的工作中去。

当谈到自己的儿子或女儿学的是艺术、历史、地理、古典文学或英语时，许多家长会不由自主地叹息："我真不知道等他们毕业以后能干些什么……"这给他人无疑也给自己的孩子一个明确的信息：他们选择的学科是二等的，根本不实用。而事实并非如此，如果你的孩子对他选的学科有浓厚的兴趣和极高的天赋，那么他们也将会有很好的发展前景。将所学知识和技能串联起来应用到职场当中是那些具有多方面才能的孩子的关键任务。这项任务需要孩子对自身做一些深入的探究和了解，父母能够也应该在这一方面为孩子提供帮助。

下面表格中的信息摘自新西兰一所知名大学的网站，该网站资源名叫"凭借我的文凭或专业，我能做些什么"。毫无疑问，这条资源被许多人引用过。这些材料不仅详细说明了不同学位所需要的有价值的技能和知识，而且对职业选择也有一个清楚的解释。这些选择可以直接呈现在一个还在接受或即将结束大专教育、对自己的将来还没有做出任何决定的学生面前。许多青少年忙于学习，整日埋头苦读，力图完成各门课程，在专业课上取得好成绩，他们很难抽出时间从课本中抬起头来好好想一想自己下一步该怎么走。家长能够凭借这些信息协助孩子，再一次担当解释者和澄清者的角色，这对孩子来说是非常有帮助的。

职业态度：艺术史

为什么学习艺术史？

艺术品往往涉及物质材料和视觉形象，图像就是它们的语言，因此我们需要培养特殊的技能以便理解艺术作品。从视觉环境中提取艺术作品深刻内涵的能力是门学问，可以应用在许多工作领域中。有很多工作需要工作者具备观察和解释视觉数据的技能，尤其是能够将彼此分离的元素连接在一起使其构成连贯的整体的能力。建筑师和电影编剧往往具备这种技能。还有一些工作需要工作者拥有丰富的想象力，通过对视觉线索进行排列组合而进行沟通表达、分享资讯或抒发情感。例如，在广告公司、剧院或其他设计领域工作的人，需要明白如何掌握视觉信息来对人的心理产生最大的影响。艺术史的学习几乎可以从任何视觉环境中培养和拓展个人的构思能力和交流方式。

艺术类毕业生从事何种工作?

艺术类的毕业生可以在广泛的领域里工作。最近的调查显示:这类毕业生的职业目标包括博物馆协调员、艺术展览的公共节目策划人、国家图书馆的管理助理、创造性艺术协会的协调员、戏剧学校的行政专员、工艺品的销售主管、平面设计师、商业艺术家、珠宝商助理、艺术画廊管理员或是画廊助手,等等,当然,也不完全局限在以上职业中。

职业领域包括:

▶ 画廊和博物馆;

▶ 政府组织;

▶ 教育机构;

▶ 策划者、收藏者、修补者;

▶ 工艺品拍卖人;

▶ 剧院、影院、电视台、广告公司和出版社。

艺术类毕业生有哪些技能?

艺术类毕业生的技能培养包括视觉空间智能(即

准确的感觉视觉空间，并把所感觉到的表现出来的能力），例如：

▶ 对审美素质的评价；

▶ 理解视觉信息的属性意义；

▶ 理解视觉信息中表达的情感内容；

▶ 以客观方式分析视觉效果。

可传授的技能，如：

▶ 研究和收集信息的能力；

▶ 批评分析能力与构思论证的能力（尤其是在写作中）；

▶ 制定决策与解决问题的能力；

▶ 真实可靠的历史知识；

▶ 向大众展示你的想法和信息资源的能力。

一位毕业生档案的精华部分

"作为一名收藏品管理者，我的工作包括对适合展览、租借或个人收藏的各类艺术品进行评估筛选，为艺术品设计贮藏室和包装程序；为研究者提供收集

品；对易碎艺术品的运输和安置进行监督；在准备展

会的过程中注重团队合作；开发建设收藏品的信息系

统和相关数据库。"

（本信息来源于：新西兰惠灵顿维多利亚大学，职业发展

与就业网。）

　　以上所摘录的材料只是众多针对毕业生就业问题的

网络信息中的一个范例，这些网站为毕业生提供了许多

关于在何处应用自身技能的有价值的意见。同时，这些

网站还帮助毕业生发现自身的优点和强项，明确他们所

掌握的技能，这对他们填写简历是非常必要的。

　　将所学知识和技能串联起来应用到职场当中是那些
具有多方面才能的孩子的关键任务。这项任务需要孩子
对自身做一些深入的探究和了解，父母能够也应该在这
一方面为孩子提供帮助。

寻找合适的职业

　　在职业选择中找到一个合适的意向是获得满足感的基本条件，这与找到一份合适的工作同等重要。花费一定的时间对工作环境进行考察和评估可以引导求职者朝着正确的领域寻找工作。有一点必须谨记——仅仅找到一份工作是远远不够的，重要的是找到"真正适合"自己的工作。

（1）职业搜索的两个过程：筹备阶段与行动阶段

　　成功地找到理想工作的最佳方法是进行职业搜索，这主要由两部分组成：筹备阶段和行动阶段。在筹备阶段花费一定的时间进行职业搜索有可能找到更合适的工作。在筹备阶段进行职业搜索活动主要指：花费必要的时间对自身的技能和能力进行评估，找出最适合的职业是什么，与他人谈论职位空缺问题，寻找哪些职位有空缺，找出有前景的机构或组织的重要信息，如：

　　▶ 他们的工作内容是什么？

　　▶ 他们是否高度商业化？

　　▶ 是否具有创造性？

　　▶ 是否注重可持续性发展？

▶ 是国有还是私营企业?

▶ 国有或私营各自的优势是什么?

▶ 我最适合做什么?

例如,政府部门或大的机构组织并不是适合每一个人的,但对于毕业生来说,他们的职业生涯才刚刚开始,他们可以申请一个不错的职位以此作为步入职场的起步,或接受有组织的培训,或利用临时调任的机会调到更广的职业领域,或在工作中熟悉项目工程管理,等等,任何一种经历对其长远目标的实现都非常重要。

关键的问题是:

"在何种程度上这份工作对我来说是良好匹配的?"

以及:

"在何种程度上这个组织对我来说是合适的选择?"

关注那些就以上两个问题你给出了肯定答案的职业或组织,因为它们可以增加你在接下来的行动阶段的动力——行动阶段主要包括联系雇主的活动,发送简历的活动以及提交申请的活动。

无论职业搜索的筹备阶段还是行动阶段，都预示着求职的成功。对职业搜索的强度或密集程度直接影响求职的结果或产出。但是，如果毕业生跳过筹备阶段直接进入求职的行动阶段，盲目地申请他们看到的任何工作，这样只会减少他们找到好工作的机会，同时降低他们获得合适工作的可能性。

阿兰·萨克（Alan Saks）研究员得出下面的结论：

好的职业搜索可以产生更好的职业或组织匹配。更好的匹配指的是一个人能够在工作中体会到更多的快乐，感受到更大的归属感、满足感，以及组织认同感。这有利于导向一个我们所熟知的职业成功的循环。如果你的工作很出色，这将会产生更多的就业机会或挑战，以及更好的职业选择。因此，你最初的职业搜索不仅是你步入职场的关键，而且与你将来的工作或职业生涯有密切联系……

青年人必须认真对待自己的职业搜索，因为这对将来有更重大的意义，而不仅仅是你现在能否找到一份工作。

（2）深入研究还是随波逐流？

没有找到"最佳匹配"工作的年轻人只能尝试其他方法，但往往要付出惨痛的代价，经受极大的挫折。美国一项对 1 万名 18 ~ 28 岁的青年所做的研究表明：约 50% 的青年感到自己的职业计划没有侧重点，或刚刚成形。为了决定哪种职业对他们有帮助的问题，他们往往会从事各种工作以获得不同的经历。

这种策略可以被看做是一种对个人身份的探索——运用各种经验、从事不同的工作是他们在社会上寻找自己位置的方式。正如该研究的发起者所指出的那样，对自身的探究是没有任何错误的。然而，对特定的领域或行业进行探究以便找到与自身相匹配的工作与仅仅因为没有一个明确的职业目标而不停地变换工作这两者之间有着很大的不同。就第二种方式来说，许多青年最终在某一位置上固定下来，但是却感到自己完全不适合这一位置。

如果探究者不能正确认识这些工作经验，将其整合成一条成功的职业道路，那么问题就更复杂了。之前所做的一切努力或工作并不一定能使我们找到一个"合适的"工作，因此，构建强烈的自我意识、增强自我认识、反思技能、在早期阶段便找到一个合适的职业方向是提升职业信心非常好的途径。

青年危机

最近，一些作家将一些二十多岁的青年人在面临种种问题和不顺时所产生的忧虑感命名为"青年危机"。这一现象有以下特点：

▶ 因为你找不到自己想要的工作而认为自己不够优秀。

▶ 面对太多的选择感到茫然无措，需要做出选择但却不知怎样决断。

▶ 对未来感到不安全，在经济上感到有压力。

▶ 怀疑一切——怀疑你的决定、你的职业选择、你的能力。

▶ 对供选择的职业感到失望——在学校或大学学习的知识或积累的工作经验对你没有任何帮助。

▶ 将你所取得的成绩与他人所取得的做比较，发现你自身的不足。

在新的工作、人际关系或社会群体中，最先消失的往往是朋友。当你对自己的工作感到失望，或在社交生活中遇到困难的时候，这种感觉似乎更明显。当你找到合适的工作的时候，你往往会感到有一种向上的动力，可以释放你的快乐，有一种强烈的目的感、进步感和胜任感。所有这些感觉都是由于选择了正确的工作引起的，它可以增强人的自信，促进新的人际关系和社会关系的形成。但是，错误的职业选择往往会导致动力的下降，并且在工作中无法建立一个良好的工作关系；如果孤立无援的话，也会对刚刚建立起的信心造成更严重的损害。

　　26 岁的卡拉（Karla）今年已经完成了市场营销专业的学习，经过漫长的搜寻终于找到了一份市场营销助理的工作。但是她对自己的这份工作一点儿也不感兴趣，她告诉我说："'青年危机'说的就是我和我的朋友所面临的危机，我们常聚在一起讨论我们到底应该从事什么样的职业。"卡拉对她所学的专业有足够的兴趣，但是对于她的工作来说，却没有一点儿动力。她说："我的朋友都和我一样，我们只是不停地工作，直到我们找到我们到底想要什么。但是在结束了所有的课程、清算了所有的欠款之后，我们才发现我们对要做的工作一点儿动力都没有……"

正确的职业选择是孩子向上的动力，
它可以增强自信，促进新的人际关系和社会关系的形成。

卡拉对她所学的专业有足够的兴趣，
但是她不喜欢自己的工作，
只是在不停地工作，
直到找到她到底想要什么。

（1）选择生活地区还是生活方式？

显而易见，"青年危机"的一个重要诱因便是经济问题。刚刚毕业的学生要想在一个不是很雄厚的经济基础上拥有一种高质量的生活方式是一件冒险的事情。除此之外，在那些没有应用到自己努力学到的知识的工作上，许多毕业生会感到自己的才干得不到发挥，而自己的报酬又过低。他们想要有所提升，过上高质量的生活，想要拥有体面的轿车、住房或奢华的生活方式，而这一时期往往是他们感到危机的时候。生活问题是青年人赚钱多少的一个重要决定部分。我曾遇到过许多年轻人，他们很清楚地知道自己能够在其他行业做得更好，但是他们往往只关注赚钱的多少，选择一个报酬丰厚的生活区域（如在闹市区的一家小公司就职），而很少考虑他们在职业生涯刚刚起步的时候他们到底想要什么。许多人搬往一些大城市，甚至出国，原因只是那些地方的工作收入一般来说会比较高。

培养职场适应能力

在尝试和建构阶段对孩子最有帮助的是应对技能和

适应能力。如果父母已经帮助孩子建立了良好的自信和反思的能力，以及对现实环境的评估能力，那么他们的孩子就有可能拥有自我管理能力，在面对挫折的时候就有了适应能力。

　　一个孩子能够从长远角度来审视和认识自身的长处而不是缺点，往往能够与同龄人产生积极的相互作用或影响，在承担某些任务时会展现出自己各方面的能力，这样的孩子一般会具有较高的自我效能感（即个体对自己是否有能力为完成某一行为所进行的推测与判断）。这一名词包含了两方面的含义：一方面指人的自信心；另一方面指相信自己有能力控制他所处的环境，即自我适应性。拥有较强自我效能感的孩子在处理困难的时候会有更强的适应能力，这样的孩子会展示出很好的社交能力、解决问题的能力、面对不幸的事有更强的接受力、对同龄人产生积极的影响。

　　这些性格特征在以后的生活中会转换成职业的适应能力、工作的活力、意外受挫后的恢复能力，在应对外界变化时能够对自身能力保持高度的自信。职业适应能力在不断演变的现代工作环境中是人的一个极其重要的素质。

你知道职业适应能力吗?

◎ 信息时代要求职业的发展要着重强调员工的长久性的职业适应能力和自我更新能力,这主要基于自我了解的能力、学会学习的能力、尊重自己和他人的能力,以及基本的技能和竞争能力。

◎ 职业适应能力的特性反映了职业能力的以下特性:团队精神、有效地沟通交流、适应能力、积极和灵活的态度、坚持学习、自信、勇于承担风险、精益求精的责任感与态度。

◎ 拥有较强的适应能力的人对自己有高度的自信,能够积极地应对任何改变,承担风险、挑战以及适应新环境。

◎ "职业适应能力"是当我们没有像预期的那样完成某件事情时能够保持精神振奋的能力。有较强职业适应能力的人将自己看做具有竞争力的个体,面对发生的事情能够掌控自己的心态。他们在面对某些障碍或一些不希望发生的事情的时候,能够重新规划自己的想法,重新配置自己的精力,不管怎样,使自己能够继续前进。

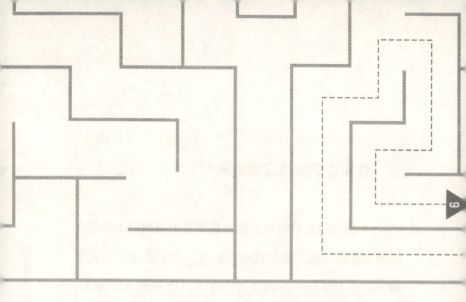

第九章
把握 21 世纪职场新动态

家 长经常会对孩子的职业选择感到困惑甚至惊慌失措。然而在我看来，在 21 世纪这一新环境下，这一代年轻人在很大程度上都能够知道怎样处理自己的就业问题。家长需要认识到当前的职业状况与以往的有很大不同，需要看到这一巨大变化。因此，本章的重点就是揭示出新世纪各种职业是怎样以全新的、多样化的形态展现在我们面前的。

职场新观点——积极创业

在当前严峻的就业形势下，越来越多的年轻人选择自主创业。事实上，在我日益增多的年轻顾客中大多是 15 岁左右的青少年，他们非常肯定地对我说，他们想要开创自己的事业，越快越好而不是等到以后。现在的年轻人大多都坚定地抱有这种观点：要拥有自己的事业，做自己的老板。自主创业是创造个人财富的最佳方法。调查显示，8% 的英国毕业生和 30% 的美国毕业生完成专科学习后在 5 年之内开创了自己的事业。

如果你的孩子也尝试自主创业，你最好先弄清楚他们对成功踏上这条创业之路是否已做好了充分的准备。

加拿大一份关于自主创业的研究显示，以下所列的品质对于创业是极其重要的：

▶ 首创精神；

▶ 竞争能力；

▶ 自力更生；

▶ 强大动力；

▶ 自信；

▶ 坚毅；

▶ 健康体魄。

让人感到惊讶的是其他的特质，如对于金钱和权利的渴望并未列入此表之内。在对自主创业者进行的调查中发现，创业者更感兴趣的是创业中所获得的成就感和对自身竞争能力的肯定。

青年人应该在何时开始着手实施自己的创业梦想呢？事实表明，许多人很早就开始做打算，在现实生活中我们似乎并不缺少年轻的创业者。但问题是他们成功了吗？答案是否定的，只有少数坚定不移的人坚持到了最后。只有那些拥有天赋、创意、奇特想法，能够持之以恒、吃苦耐劳的人，才能走到最后成为一名成功的创业者。他们当中有很多人能够通过家人和朋友的支持和帮助积累所需的创业资源。资源不足是创业者一个常见的隐患，常常会导致创业失败。

有些人起初可能会花一些时间在别人手下工作，目的是为了积累创业经验，例如怎样很好地运营公司，怎样作出市场决策，怎样积聚所需资源，等等。而那些出生在生意世家的人，从小耳濡目染，早就掌握了做生意的方法。

新西兰经济学家、评论家加雷斯·摩根（Gareth Morgan）博士是网上拍卖交易公司（TradeMe）创始人山姆（Sam）的父亲。山姆放弃了大学学业，创建了这个非常成功的免费在线拍卖和广告分类的网站，最终将该网站以70亿美元的高价卖给了费尔法克斯（FairFax）公司。摩根博士在山姆放弃大学、选择自主创业时说了下面的话：

"起初我认为如果一个人不上大学的话他的未来不会有任何前途。当山姆放弃修读商学位离开大学时，我担心他会自甘堕落，不思进取，最终以'被拯救'而告终。

但是，他对创办网上拍卖交易公司（TradeMe）的想法满怀热情。

'尝试、尝试、再尝试'一直是我的处事哲学。我很高兴看到孩子们能有所作为，不管他们做些什么。整日漫无目的、庸庸碌碌，才会让我对他们感到担心。"

山姆的父亲支持他是因为"他试着去创造一些东

西，这应该得到他人的全力支持。"冒险为你派发宣传册、每天不厌其烦地发送邮件、告诉认识的每一个人你的创业计划等等，这是家人给你的最大支持。

"做为家长，我们自己也不要满足于做一个保守的工薪阶层，要积极参与一些创业活动——尽管只有少数做得不错，大多数都不尽人意，但这能够使我们的孩子在一种'尝试 失败 再尝试'的环境中成长，培养他们不屈不挠的性格，这是成长阶段所必需的磨练。自我引导是无法在课堂上学会的，这需要从现实生活中去体会，从他人的创业经验中学习，不管是商学学位的、文学学位的还是其他学位的学生，都要对自己所做的或想要做的事情充满信心。这种示范作用是相通的。"

考虑到大学教育，摩根博士认为，家长应该注意不要把自己的想法过多地强加在孩子身上：

"衣服由一针一线制成，严格要求也从一点一滴做起。孩子要严格服从课堂要求，这是必须的，但其结果却是扼杀了孩子的创造性。经济发展的一个好处是为人类创造了大量的资源，商业社会需要每一名工作者都应具备创造性。作为家长，我们有责任为我们的孩子提供一个自由的环境，使他们能够挖掘自身的潜能，得到最大的快乐。"

摩根博士是正确的。当今社会各行各业，尤其是商业领域，都需要创造型人才。他们可以独辟蹊径，也可以凭借比同龄人更远大的志向或抱负达到目标。而家长在这个时候要做的就是相信孩子，为他们提供全力支持。然而，也有许多成功的创业者在创业的道路上他们既不是绕过了正规的教育，也不是中途退学，而是按照自己的路线前进。

并不是每个年轻人都能显露出创业的才能，尽管他们可能有这方面的家庭背景，或是他们的父母对创业有真知灼见。如果他们需要了解全球商业是如何运作的，他们可以通过为他人工作而从中学习。如果你的家中有一个有潜力的创业者，你应该对他开诚布公，全心全意地为他工作，尽最大的努力全力支持他们。

职场新特点——瞬息万变

并不是所有的这一代年轻人都喜欢多变的生活，即使这种变动有时看起来很微小。然而现在看来，许多年轻人毫不犹豫地频繁更换工作，尤其是当他们认为通过这种变动可以有机会学习新技术的时候，他们更会选择这种工作方式。作为有史以来"最不安分"的职场员工，现代的年轻工作者清楚地认识到与时俱进的必要性。在更换工作的过程中，他们积累了调动经验，增长了适应能力，了解和适应了不同的组织机构、企业文化、工业领域等等。

目前，一个工作者平均每4年就会换一次工作。人们更喜欢向原公司或机构以外发展，而不是留守在一个位置上。工作的转换主要包括企业的变更、职业变更或地理位置的变更。有些变动与寻找合适的工作相关，而有些与获得新的经验和新的技能培养相关。

作为有史以来"最不安分"的职场员工，现代的年轻工作者清楚地认识到与时俱进的必要性。在更换工作的过程中，他们积累了转换技能，增长了适应能力，了解和适应了不同的组织机构、企业文化、工业领域等等。

职场新类型——全球指向型

许多二十来岁的年轻人通过到处游览来增长阅历。

在这一过程中，他们形成了自己的"国际互联网"，学习到了其他国家的文化，更深入地挖掘了自己的职业潜能。有的人离开原来的地方，去其他地方寻求提高工作技能的机会；另一些人则随遇而安，从事任何出现在他们眼前的工作。新西兰职业研究员克尔·尹克森（Kerr Inkson）对具有海外经历（OE）的人进行了研究，经研究发现：海外经历的重要特点在于它的冒险性和极具挑战性，人们可以在异国他乡获得各种新奇的经历，换句话说，这些特点恰恰符合了21世纪职场的新特点。因此，一个有海外经历的人能够使自己的生活经历和职业经历都得到提升。

（1）海外经历可培养的技能

另一项新的研究对"具有海外经历的青年人在出国期间掌握了哪些能力"进行了调查，大量的反馈显示，大部分拥有海外经历的人都向积极的方向发展。被调查者提供了如下的观点：

> "我的海外经历使我更加独立。我已经长大，已经从学生转变成为一名职业者。"

> "我与以前完全不同了。在我出国之前我是一个害羞内向的人，没有安全感，缺乏自信。现在，

我信心百倍，能够清楚地认识到自己的利弊得失。"

大多数反馈都提到海外经历使他们的交际能力和自信都得到了很大的提高，并且使他们获得了一个更广阔的全球化的视野。有趣的是，这些提高对于他们现有的职业来说并不是必须的，事实上，职业的发展往往是偶然性的。然而，从这些反馈中我们可以清楚地看到，当我们暂且不看他们目前所从事的工作，这些年轻人朝着多样化的方向发展，这对他们整个的职业生涯产生了积极的影响。

不寻常的多样的工作经历不管与你的职业有多大联系，它们对你都有一定的价值，因为这些经历能够培养你的随机应变能力，完善你多方面的技能，提高你的自信心和上进心。这恰恰是在当前新的经济环境下个体生存和发展所必须具备的重要特性。

……海外经历的重要特点在于它的冒险性和极具挑战性，人们可以在异国他乡获得各种新奇的经历，换句话说，这些特点恰恰符合了 21 世纪职场的新特点。因此，一个有海外经历的人能够使自己的生活经历和职业经历都得到提升。

（2）"保持原状"也很好！

并不是每个人都适合到处游走，或从事变动性极强的工作。有些人只是希望能够与家人在一起，有一个固定的社交群体，一个明确的奋斗目标，或者只是加深他们个人的资历即可。"保持原状和不断深化"就是用来形容这类人的，他们有一种不同的职业发展方式。一个表面上看起来似乎'保持原状'的人，实际上是致力于自身内在的发展，从自身内部锻炼和深化他们的才能和竞争力，同时这也是一种成长的途径和合适的行动方式。实际而言，这可能是一种适合女性职业发展的方法。

一个毕业班的学生举行了一场讨论，讨论的主要内容是"谁会选择离开自己生活的地方去大的城市或国外寻找更好的工作"。班里至少有 3/4 的学生表示他们有这样的打算。一个来自毛利族的女学生塔尼亚（Tania）环顾整个班感到难以置信，她说："我不想离开这里，我想做的只是找到一份好工作，能够从中学到一些知识和技能来为我所在的部落做贡献。我想培养我的技能，这样，我就能够在我自己的部落里开创事业。"

● 固守一个地方、一种职业对很多孩子来说是非常有效可行的。

当今的职业发展更多地关系到的是个人的选择和价值观。对于一些年轻人，尤其是那些坚持自己的生活方式、重视自己所在的群体的人来说，固守在他们所在的地方是一种有效可行的选择，对于他们的学习和未来发展也是非常有利的。

职场新类型——工程项目指向型

有时候，很多工作机会潜藏在一些工程项目中，如电影工业、滑雪业、建筑工程，甚至一支美洲杯队伍中——当人们为着某一个特定的目标聚在一起的时候，常常会产生一些意想不到的工作机会，而当目标实现计划完成时，工作也结束了。许多人都熟悉建筑工程，但是却不是很了解某些职业与季节性的工程项目密不可分，缺乏将短期工程作为"真正"职业的概念。

一个年轻的滑雪者曾告诉我说，她的妈妈总是告诉她要找到一份"真正"的工作——但是事实上她已经在南北半球的滑雪场季节性地轮换着工作了近 5 年。对她来说，这是在工程项目中产生的一个"真正"的工作——在滑雪季节建立工作关系，季节结束便转换到其他地方，这样季复一季地有规律地工作——既获得了很好的声誉，也扩展了自己的人脉网络，获得更好更多的机会在随后的赛季里继续工作。

　　我遇到过一个 17 岁的名叫杰米（Jamie）的男孩儿，一个很有组织能力、很有动力、做事很有计划的人。他是一名滑雪冠军，梦想着将自己的一生都奉献在滑雪场。他希望有朝一日能获得世界冠军，让世人都认识他。但是如果这一目标不能实现的话，他会成为一名滑雪教练，冬季的时候在不同的滑雪场流动工作，在工作中体会滑雪的快乐。他曾经决心他的第一份工作要成为一名滑雪技师。用他的话说："我每天只需从下午 4 点开始工作直到晚上，这样我在白天就可以滑雪了。"

　　杰米抓住每个机会滑雪，但是需要为自己付费。因此，他花费一定的时间来做滑雪技师，这样既能支付自己的开销还能学到一些必须的技能。他曾在滑雪坡道上一待就是一天，常常进行集训，晚上还要在滑雪设备店修理和照看滑雪器具，一直工作到深夜。他也在商店销售商品，并且很喜欢做销售工作。实际上，在工作中他对零售业产生了浓厚的兴趣，并且提升了自己的管理能力。将来他自己有望开一家这样的滑雪店或其他类似的商店。杰米已经很清楚地认识到社会关系对他的工作所产生的重要作用，因此维持好以往在滑雪业中建立的人际关系是非常重要的。他指出："最基本的一点是：你认识的人越多，你的机会就越多。"

他清楚滑雪业是一项交际型的产业，他对自己能在这一行业中有一己之地很是骄傲，"有许多人跟我从事相同的工作……但是你必须比别人更积极，比别人做得更好。"

杰米承认，与其他同龄人相比，自己选择了一条不寻常的路，但是他得到了家人、老师和朋友的全力支持。他的信条是："你只要明确你要往哪里走，然后认定目标勇往直前就可以了。"

● 父母一定要支持、理解孩子的愿望，帮助他们放飞梦想。

杰米是一名滑雪冠军，梦想着将自己的一生都奉献在滑雪场。

他曾在滑雪坡道上一待就是一天，还常常进行集训。

晚上还要在滑雪设备店修理和照看滑雪器具，一直工作到深夜。

他得到了家人、老师和朋友的全力支持。他的信条是："你只要明确你要往哪里走，然后认定目标勇往直前就可以了。"

杰米是幸运的——他的父母理解和支持他的梦想，并且分享他的快乐。同时，他也展示了自己对工程项目型职业的全面认识：他为变动做好了一切准备，掌握了大量系统的技能，知道自己需要建立良好的社会关系，并且需要认真地工作来战胜其他同行业的竞争对手。杰米的职业计划表明，他既建立了个人交际网络，又提升了自己的声誉。当他年长的时候，有望成为一名自由职业者，在其他的领域扩展自己的技能。当你的孩子是这种有组织性的、有潜能的人，不要担心他们找不到工作。

（1）机会、运气和善于发掘新奇事物的天赋

杰米是对的，你认识的人越多，你的机会就越多。结识新朋友，与他们交流畅谈能够为你创造很多机会。当人们讲述他们的职业生涯期间常常会有一些精彩的部分或转折点，我们将这些转折称为机会、运气和发掘新奇事物的天赋，或简单地称其正确的时间和正确的地点。但是，只有在你具备了良好的能力并且愿意抓住机会的时候，"命运的转机"才会起作用。广泛的人际关系、一次愉快的谈话或你的某一重要品质都可以使机会最大化，使梦想成为现实。

　　佐伊·贝尔（Zoe Bell）从十几岁起就开始学习体操和跆拳道，但毕业以后对自己的未来一片茫然。她曾花费大量的时间学习体操，这为她的特技生涯提供了先决条件。她的特技生涯开始于一次特殊的会面。她的父亲安德鲁（Andrew）是一名医生，有一次在和一名患者闲谈中无意间发现他是一名特技工作者，在一个电视剧组工作，正拍摄一部名为"战斗公主西娜"的电视剧。他为佐伊要了特技演员协调员的电话，但是当佐伊第一次给协调员打电话时，那边已经不需要人了。后来佐伊每个月都会给那个协调员打电话，直到最终获得了一次工作机会。起初佐伊只是承担一些简单的替身角色，到后来逐渐成为了一名主角，做了露西·劳丽丝（Lucy Lawless）的替身演员。佐伊随后又主演了传记电影《你能我也能（*Double Dare*）》，这为她赢得了在电影《杀死比尔 1&2（*Kill Bill* 1&2）》中担当好莱坞著名女星乌玛·瑟曼（Uma Thurman）的替身的机会，最终使她在昆汀·塔伦蒂诺（Quentin Tarantino）导演的影片《死亡证据（*Death Proof*）》中担当主角。

一次普通的谈话也可以产生一个宝贵的机会，
所以要时刻准备着机遇的到来。

佐伊·贝尔从十几岁起就开始学习体操和跆拳道。

一个偶然的机会父亲认识了一名特技工作者，
并帮助她联系了一份替身的工作。

起初佐伊只是承担一些简单的替身角色，
到后来逐渐成为了一名主角，
做了露西·劳丽丝的替身演员。

最终她在昆汀·塔伦蒂诺导演的影片
《死亡证据》中担当主角。

佐伊的故事给我们很多启示，一次普通的谈话可以产生一个宝贵的机会。佐伊的例子说明，家长往往是能够通过与他人交谈为孩子找到可能的交际途径或就业机会的重要人物。在此之后，佐伊自己抓住机会坚持与导演联系，尽管在刚开始的时候遇到了一些挫折，但她并不气馁，保持着积极乐观的心态，她相信机会终将到来。凭借着充分的准备以及敢于冒险的精神，她取得了显著的成就。

职场新需求——特殊品质

我们听到过许多关于 21 世纪职场工作者所应具备的品质的要求，其中有一种被多次提及的品质就是适应能力。事实上，根据我的研究，有四种重要品质是当代就业形势下求职者所应具备的，它们是：

▶ 预见能力；

▶ 适应能力；

▶ 自我意识；

▶ 坚持学习。

这四种品质是 21 世纪工作者在职场中所必须具备的重要品质，但是这些品质到底意味着什么呢？父母可以通过下面的品质评估来亲自了解这些品质具体有何用途。

品质评估			
	经常	有时	很少
预见能力			
1. 我仔细观察就业机会和形势,并且采取行动从中获的收益。	☐	☐	☐
2. 我寻求自我提升的机会。	☐	☐	☐
3. 做事前会事先考虑,之后才做出决定,积累资金,为自己的将来做打算。	☐	☐	☐
4. 展现首创的精神和坚持不懈的恒心。	☐	☐	☐
适应能力			
5. 我很乐意积极地面对新的工作环境。	☐	☐	☐
6. 我可以适应眼前的新变化和新角色。	☐	☐	☐
7. 我可以接受周围的环境以及它的各种变化。	☐	☐	☐
8. 我能够积极地抓住学习机会并且潜心修学。	☐	☐	☐
自我认识			
9. 我了解自己的长处、技能、能力以及性格特征。	☐	☐	☐
10. 我进行自我评估并且对评估结果和自身掌握的、需要的以及缺乏的技能进行反思。	☐	☐	☐
11. 我了解并且能够描绘出目标和价值观对我的重大意义。	☐	☐	☐
12. 我有能力获得和利用反馈来引导我的自我认知和自我表现。	☐	☐	☐
坚持学习			
13. 我能坚持学习——例如将学习作为一种存在方式。	☐	☐	☐
14. 从经历中学习,正式的和非正式的学习和培训。	☐	☐	☐

检查你的答案。然后将计算出你所选择的各项总数，得出如下结果：

数量	你最多的选项是经常	职场积极型 能够实现目标，得到理想的工作，对自己的工作很满意。
	有时	职场恢复型 有进步和实现就业能力的可能性，能够获得满足感。
	很少	职场慢热型 有失业的危险，对自身的现状不满。

用上面的测试来评估一下你的职业类型，并与你已经参加工作的孩子一起分享。很多人天生就具备某些品质，但是我们中的大部分人必须对这些品质有更多的了解和掌握。准确地明白预见能力、适应能力、自我意识和坚持学习这四种品质的确切概念，我们才能更好地培养自己这方面的品质。

职场新特点——不可预见性

"焦虑的父母"这一短语在当前的环境下有了新的含义。今天，从这些焦虑的父母身上我们看到了什么呢？对自己孩子的进步过于担心、过渡干涉，而对他们的潜能和理想又缺乏信任。

曼德莱恩·莱维尼（Madeline Levine）博士将家长们的这种普遍的趋势描述为一种"对于孩子的专业表现过度关注的普遍担忧"……家长仔细检查孩子的课程或随意地将孩子的作业拿过来看。她将这样的家长称为"空军家长"，因为他们不停地盘旋在孩子的周围，干预孩子的每一个行动。

这样的父母限制了孩子学习一些终生受用的素质，如坚持不懈、独立自主、自信等这些可以在学校的不同科目中或生活中培养的素质。相反，他们掌控着孩子的每一个选择，在这一过程中他们对孩子来说只是一种干扰信号。应该让这些青少年明白：如果他们一直处于这种学习状态中，过度地接受家教和父母随意的干预，他们是无法找到属于自己的特定的道路的。

（1）相信你的孩子

莱维尼博士指出，家长应该明白并且也应该传达给孩子让他们也明白：他们能够对某些事情很擅长，但是不可能事事精通，在每件事上都出类拔萃，在某些领域处于一般水平这是很正常的。她最重要的观点是：家长必须给与孩子足够的空间，让他们自己去发现自己的优势所在。换句话说，作为家长，你的职责就是通过见证和肯定他们实实在在的能力和天赋来帮助孩子认识自己的优势，而不是按照你所设想的样子去塑造孩子。

　　著名影星理查德·泰勒（Richard Taylor）是新西兰沃尔塔（Weta）产业的总裁，曾凭借电影《指环王（ *the Lord of the Rings* ）》、《金刚（ *King Kong* ）》、和其他多部影片获得奥斯卡奖和众多其他奖项。理查德的成长经历生动地说明了：一个富有创造性的孩子，父母对他的才能的支持和培养以及对他的天赋的信任，最终使他获得了成功。从他的职业经历中我们清楚地看到，在成长的道路上他充分清楚地了解自己，做出了正确的选择。

　　"沃尔塔和新西兰的许多其他这样的创造性的地方一样，因不看重学业成绩而闻名。我们常说在这里工作的一个先决条件就是成绩不够好，我们都是那种在数学课上睡大觉、考试时在铅笔盒背面乱涂鸦的学生，做这样富有创意的事情的学生往往不是考高分的学生，但是他们用大脑的另一半思维，常常能够创造奇迹。"

"起初，我对写作和阅读很是头疼，这确实考验了我妈妈的耐性，但是我妈妈很伟大，她并不把这件事看得很重，而是发现了我感兴趣的其他事情，例如雕刻、绘画和制造模型，正是在这些地方我发现了自己的优势，奇特的是这反而提高了我的阅读和写作的能力和自信。"

"我进入了一所没有设立艺术史科目的学校，他们只注重学术和专业课上的成绩。但是我想学习艺术，因为我知道我想要取得一定的成功——可是如果我成为一名理科学生我是不可能成功的。我并不打算上大学，我的考试成绩不理想，我知道那不是我的生活，但多亏了这一点，它让我看到其他领域，注意到了不同的职业道路，儿时的模型最终制造成了现在的我。"

资料来源：引自 TV3 频道 2007 年对沃尔塔公司总裁理查德泰勒的独家专访。

<blockquote>家长一定要根据孩子的能力和天赋来帮助他们认识自己的优势，而不是按照自己所设想的样子去塑造孩子。</blockquote>

著名影星理查德·泰勒对写作和阅读很是头疼。

这确实考验了妈妈的耐性。

但是她并不把这件事看得很重，而是发现了泰勒感兴趣的其他事情，正是在这些地方让他发现了自己的优势。

最终，他进入了一所没有设立艺术史科目的学校，他们只注重学术和专业课上的成绩，后来泰勒成了著名影星。

（2）允许孩子犯错误

家长通常希望在孩子成年以后在特殊的时候能够给他们提供一些经济上的支持，或者是在孩子选择了一项困难却极具创意的领域时他们也会在那方面帮助他们。但对于有些家长来说，他们的做法截然不同，他们会给孩子提供源源不断的经济上的支持直到他们成家以后；有的家长不允许孩子从事任何兼职工作，只让他们专心学习，甚至还会阻止孩子自己做决定，以免他们遭遇失败。

如何反复地强调也不为过——过度地保护和干预对于孩子来说没有任何帮助，反而会使你的儿子或女儿失去从错误中学习和成长的机会，以及在正确的选择中获得自信的机会，结果导致孩子自己做决定的自主责任感和自信心受损。这些孩子往往被迫学习一些不适合自己的课程。如果真是这样的话，他们不会取得什么成绩，更不会感到快乐。即使他们在专业课上做得很好，与同龄人相比，他们可能也缺乏自信和就业能力，他们的职业道路会更加难走。

过度地保护和干预对于孩子来说没有任何帮助，反而会使你的儿子或女儿失去从错误中学习和成长的机

会，以及在正确的选择中获得自信的机会。

　　一个合格的家长应该是能够关心孩子的爱好、鼓励孩子的长处的家长，应对孩子抱有很高的期望，期望他们能够做好工作，但不是替他们安排好一切。

　　不要担心或过度焦虑，那样你所做的就是用无言的方式传达着这一信息：你不认为自己的孩子能够独自管理这些事情。那样你可能会培养一个缺乏自信和独立性、总是离不开你的帮助的孩子。奇怪的是，有些家长反倒喜欢这种结果，他们可能会抱怨这种结果，但与此同时，当孩子的学习自主性提高、依赖性减少一些的时候，他们又做出相当大的努力来维持孩子的依赖性。

　　切记：为了最终能够把握自己的命运，青少年必须自立自足。

职场新特点——没有恒定的准则

　　家长需要了解和鼓励孩子的各方面才能，需要认识到固定的规则和信条已不再起作用。或许它们自始至终从没起过什么作用，但是在以前的很多时候这些规则似乎还有些用处。然而今天有太多新的范例可供我们参考，H. B. 盖拉特（H. B. Gelatt）教授在他的书中就创造性抉择的方法向家长们做出了详细的说明：创造性抉择——积极利用不确定性。

不确定性是生活中常伴我们左右的因素——青少年在起草他们的职业生涯或生活规划的时候常常会遇到许多不确定因素。那么我们怎样引导他们以积极的方式应对这些不确定因素呢？盖拉特教授给出的建议是：首先我们必须接受一点，过去、现在和将来是不确定的；同时对不确定性保持积极乐观的心态。他概括出四种基本原则来鼓励创造性行为从而实现这种"积极地不确定性"：

（1）**锁定目标——灵活对待你想做的事。**

这是一种一方面有一个明确的目标，并为之努力奋斗；另一方面又时刻准备着在成长的路上发现新的发展道路。灵活性可能会指引你发现一个你从未想过的目标。

（2）**自觉意识——对你知道的事情保持警戒性，谨慎小心。**

虽然我们在今天接触到比以往更多的信息，但是仍有许多我们不知道的事情，因此要有开放的探求精神。如果你觉得自己需要了解更多，就跟随你的直觉去摸索前进吧。

（3）**认清现实——对你相信的事情保持乐观的心态。**

一方面，接受可能出现的不好的结果；但是另一方面，不要放弃希望，事情一定会向好的方向发展。试镜演员在这方面经验丰富，他们必须认清现实，认识到自己可能被淘汰，但是不管怎样还是要有信心。

（4）**注重实际——对你做的事情充满兴趣。**

规则是很有用处的，我们都喜欢有指导方针的引领。但是你是掌控一切的人，可以被规则引导但不能被规则主导，尤其是当你的直觉将你引向其他方向的时候。

这些观点听起来是不是有些自相矛盾呢？或许是的，但是它们确实反映了我们所处的这个世界的现状。通过实践，这些原则变得简单很多。对于家长来说，你们要做的最重要的事情就是对于不确定性放下你们的忧虑，在重复你的"祷告"之前请三思而后行。青少年几乎每天都能听到："一切都是如此的不确定吗？"是的，确实如此。但是用绝望的语气不断重复这一事实往往会使人产生焦虑，增长人的恐惧感。对可能性的模糊认识根源于事物的不确定性。为什么不及早给你的孩子传递一种积极的信息，使他们相信有积极的、有用的方法来使他们了解他们所生活的这个世界呢？毕竟这是他们的世界，他们对自己的关注比您对他们的关注要少得多。

一个名叫贾罗德（Jarrod）的年轻人找到我，他对自己到底做什么感到困惑。他的将来（或他的思想）早已被决定好——他将会被送到部队里接受训练。然而出乎意料的是，他在一次家庭聚会中获得了一次从事国际货运业务的机会。这种前所未有的机会是贾罗德从未想过的，但是对这次机会他感觉到有一丝兴奋。

"但是我已经决定了，我已经申请了参加海军部队，我很确定我将会被接受。"他说。

"这很好，"我回答说："你也可以尝试一下另一个机会，接受货运公司的面试邀请。这并不是说你不去做海军了，而是说从你自身寻找一些你从未发掘过的东西。去尝试一下吧，参加面试并不代表你已经获得了那份工作。"

贾德罗是这样做的，在面试中他发现自己对他的所见所闻非常热衷，最终他接受了这个职位。"我只是觉得它是为我量身打造的职位。"他解释说。

贾德罗从自己的经历中学到的是同时把握两种可能性，多一种选择，多一种机会，不要仅局限于固定的思路。他已经有了一个目标，但当其他的可能性出现在他的面前的时候，他能够灵活地去认识和把握它，最终发现了以前因为不了解而没有考虑过的新的机会。同时他也听从"内心的指引"——他对自我的认识和定位告诉他，他真正感兴趣的是什么，他可能与那些事务建立联系。

在很大的程度上，这本书是一本关于教育孩子如何听从"内心的指引"、增强自我认识和自信、最终能够在未来的职业生涯中自我引导的读物。凭借着一个明确的指引，他们能够对自己想要的生活以及怎样实现这样的生活有一个更清楚的认识，这样在实现目标的过程中会少一些困惑，不会轻易地被周围大量的信息所误导。不要一味地鼓励孩子去寻找一个最终的答案，正如他们到目前为止所做的那样，我们真正需要他们做的是将外界的信息与自身内在的自我认识相联系以便成功地航行在我们所处的这样一个职场的迷宫中。

你知道机会、运气与善于发掘新奇事物的天赋吗？

机会在每个人的职业生涯中都占据一定的地位，但是一些帮助人们抓住机会的特定的技能和品质是由机会创造的。家长应当鼓励这些机会。根据偶然事件发生理论，我们能够培养五种技能来认识、创造和利用机会。

◎ 有好奇心——发现新机会，多与他人交谈了解他们的生活，对你周围的任何事感兴趣。

◎ 有恒心——持之以恒，即使在最初的时候经历挫折也不要轻言放弃。

◎ 有灵活性——时刻准备着调整你的态度，改变你所处的环境。

◎ 有乐观精神——要坚信机会终将到来，你能够充分利用它。

◎ 有冒险精神——时刻准备着行动起来，即使结果不能确定也要放手一搏。

对于年轻人来说，与他人谈论自己目前从事的工作是创造机会的最简单的方法。谁知道其他人会知道些什么新消息或得到些什么重要任务呢？无论你的孩子在寻找什么，鼓励他们与他人分享自己的想法。除此之外，鼓励他们要乐观——让他们相信自己，他们最终会找到自己想要的东西。

资料来源：摘自 K. E. 米歇尔（K. E. Mithchell），《计划偶然性：创造出乎意料的职业机会》，载于《发展与顾问杂志》，第77 卷，第 2 期，第 115～124 页。

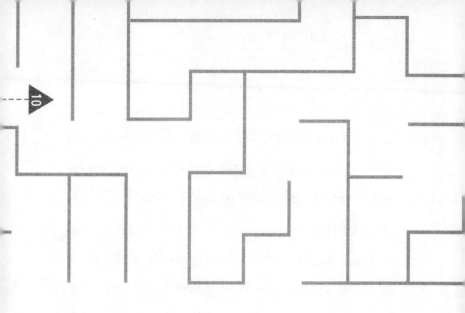

第十章
家长的行动指南

这不单单是一本关于青少年职业前景问题的书，同时也包含了许多与二十多岁的青年人相关的职业信息，并且也适用于年龄更小的孩子。树立远大的抱负、增强自信心和自我认识是一项终生的课题，家长不仅承担着自己的这一课题，同时也承担着孩子的这一课题。在指导孩子在年少时做出正确的选择的过程中，家长应运用各种工具武装自己，使自己能够成功地帮助孩子在未来的职场迷宫中乘风破浪。

正如这本书中所描述的，这一艰巨的任务可以通过每天的点滴行动和反思来得以实现。本章所提供的可行与不可行的条目是供家长在日常生活中与孩子进行交流互动时思考和应用的行动指南。

"可行"与"不可行"的准则

在为孩子的职业生涯做准备的时候，家长需要了解和遵循一些必要的准则：

●可行：鼓励孩子树立远大的抱负，允许青少年有自己的梦想。

远大抱负是孩子未来生活和职业梦想的基石，因此从小就培养和鼓励孩子树立远大的理想与抱负对于家长来说是一项至关重要的任务。孩子需要设想一下自己会成为一个快乐的、成功的、重要的、具有创造性等各种特质的完美的人。并不是说要孩子一定要有一个"正确的"梦想或抱负。当你鼓励你那还很小的孩子树立他们的梦想的时候，你是在培养他们的自信心。

　　家长必须认识到重要的一点，当孩子还未成年，他们是无法认识到职业选择的困惑性，他们只是处于为将来选择满意的工作培养和发展先决条件的重要阶段。远大抱负、自信心和对自身竞争力的认识，这些都是重要条件。因此，家长的这种认识适用于孩子的幼年或儿童时期以及青春期。能够拥有培养远大的梦想和志向是人所有的成功的关键。

6 岁的吉马（Gemma）在一次游泳过后为她的朋友设计发型，她对这项活动非常热衷，表情专注。当她完成以后对自己的设计非常满意，欣赏着自己的作品并对旁边的家长说："我将来要做一名发型设计师。""不，你不能。"她的妈妈立刻尖利地反驳道，"你不能做那一行！"

这位家长感到恐慌，并对孩子的一个非常遥远的职业可能性进行了负面评价。一个成功的女商人或许会认为她的孩子的梦想不够远大。事实上，吉马只是对自己做了一个评价："我很好地完成了一件事情。我相信我有一天能在这方面做得很出色。"作为一个 6 岁的孩子，她只是以她所知道的方式表达一个感兴趣的想法。

然而她的妈妈却认为她她的职业理想不够远大。事实上，她在很大程度上打击了孩子刚刚展露头角的自信心。当吉马努力维持希望却遭到妈妈严厉的反对的时候，她的脸上立刻显出失望的表情。

像吉马这样的孩子当他们长大一些以后，会调整他们的梦想，但是他们的自信心却没这么容易就重新建立起来。

对一个丧失了理想与抱负的人，一个在青少年时期还没有树立自信和竞争意识的人来说，当面对职业抉择的时候他们会陷入迷茫的状态，很多时候他们甚至不会去考虑实现他们的某些可能性。这种负面的消极想法需要很长的时间才能被扭转过来。如果家长能够尽早知道希望和梦想的价值的话，就会尽早地树立孩子的远大抱负。值得欣慰的是，那些还没有意识到这一点的家长还能够通过其他的途径认识到树立远大理想能够对孩子的一生产生怎样的影响。

● **不可行：不要轻易否定孩子的想法。**

正如吉马的例子说明的那样，当孩子说出他们的梦想的时候，家长往往会很轻易地做出错误的评价。在孩子年少的时候，他们会对某些事情和某些想法很重视、很在意。例如，一个消防员驾车奔赴火灾现场，这看起来很英勇，让人无比仰慕，或许这会使孩子不由自主地说："我长大以后想当一名消防员。"这种反映或认识完全没有形成对这项工作的真正认识，孩子只是对这一工作有了一个凭直觉而得出的想法——只是被他所看到的某些要素或特征所吸引。家长需要认识到孩子只是对某些因素做出反映，如果这些因素在那一刻对于他们来说是真实的，那么将会对他们产生吸引。然而，当孩子的梦想被家长否定的时候，孩子最终得到的只是信心的丧失，他们会确信"我不行"。

● **可行：了解希望的价值。**

希望是远大志向的巨大推动力，是想象力的一个积极方面——我们相信我们的未来，积极乐观地坚信某些事情一定会发生，并且我们会成为其中重要的部分。乐观与希望是孩子的天性，但是家长的专制和否定摧毁了孩子的这种天性——而这些是孩子未来生活所必不可少的宝贵品质。

乐观与希望是职业表现和职场适应能力的两个非常重要的品质——能够使人在人生的任何阶段抓住机会、坚持不懈、不畏挫折、勇往直前。乐观的信仰对于孩子的目标实现、动机和应对挫折的能力有巨大影响。积极乐观、充满希望的孩子对自己的未来抱有热切的期望。注意您的言行，检验一下是否带有任何否定或批评态度，因为当你轻易地打碎孩子的希望时，你是在毁坏一件极为宝贵的东西。

● **不可行：不要给孩子无意义的夸赞。**

当我们想要用无意义或无价值的赞扬建立起孩子的

积极认识的时候，我们是在欺骗他们。正确的反馈——即使是对一个很小的孩子来说——也可以建立他们的自信心。正确的反馈是建立在对真实的努力、真正的任务以及真实地展现自我品质（如持之以恒\待人友善）的认可的基础之上的。一个恰当的评论来肯定孩子所做出的努力是非常有益的，更能培养孩子的竞争能力以及对自身有用性的肯定，这远比一句热情但却空洞的话："太棒了！"要有用得多。如果孩子做得很好，就赞扬他们，同时要告诉他们为什么夸奖他们，这样他们就会明白认可或称赞是建立在一定的事实基础之上的。

社会常会采取错误的方式建立人的自尊意识。在自尊方面的研究专家 L. G. 凯茨（L. G. Katz）认为，试图提升孩子的积极感受却不提供孩子一个实实在在的基础可能会产生意想不到的后果，促使孩子产生一种以自我为中心的错误认识。在她看来，只有当孩子获得树立自信心的机会的时候，孩子的自尊心才会得到培养。因此，家长要通过坚持努力加强合作来培养孩子实实在在的技能，而不是简单地给出一句无意义的赞扬。

- **可行：认识到自信的重要性。**

自信是建立职业大楼的重要基石，直接影响人的志向和抱负。青少年需要相信"我能行！"要有竞争意识，要相信自己有能力培养未来所需的能力来实现自己的梦想。如果他们达到做出职业抉择的年龄时能够对自己满怀信心，坚信自己有能力成为一个有用的、富有竞争力的人，那么他们将会拥有巨大的优势。家长可以通过肯定孩子所取得的每一点进步，欣赏他们的天赋以及各种优秀品质——如乐于助人、富有同情心和创造性等来提升孩子的这种自信。

青少年需要得到他人认可，来肯定他们实实在在的能力和努力，这些真实的反馈能够使他们感到自身是有用的、有价值的、有竞争力的。"看到希望"是意识到自身技能组合不够完善的开端，在孩子青少年时期就应注重提高工作竞争力，一个有效的方法就是从事兼职工作，这能够使他们得到一个来自外界的客观的、真实的反馈的额外机会。

- **不可行：不要比较职业优劣或职业选择。**

花时间了解你对职业好坏的评价，考察自己是否有能力胜任。以下是说明一种职业或专业比另一种好的主要原因，通常是因为：

▶ 这项工作更稳定，收入更高。

▶ 它看起来更有用。

▶ 当你告诉你的家人或朋友你所从事的工作时感到

自信和骄傲。

▶ 你认为它可能更安全。

▶ 它涵盖了许多工作机会。

▶ 其他人的孩子在这行发展得很好。

所有这些因素都可能是职业选择所要考虑的因素，但是最应该考虑的首要因素是孩子的兴趣和期望是什么，什么样的职业能与他们的天赋和能力相匹配。真正的兴趣、真正的吸引和真正的联系为成功提供了能量，为学习提供了动力。不要期望一个犹豫不决的人或被迫学习某些课程而自己并不知道想要学习什么的人会有多大的成就。

作为家长，我们很容易盲目地被一些表面特征所迷惑，仅仅关注我们认为有价值的东西。孩子的创造性或乐于助人的性格特征很容易被忽视，因为某些家长关注的只是孩子其他方面的素质。例如，生意型的家庭可能常常会谴责政府的服务，对于那些对国家大事很感兴趣、有志向政治方面发展的孩子来说，这种态度不会给孩子带来任何帮助。

实际生活中需要各行各业的人才，幸运的是每种行业都有人从事。没有谁能保证你的孩子会从事你所认可的工作，他们可能会被其他领域所吸引，而这恰恰是你厌恶的领域。但是如果家人的偏见不会阻碍他们的眼界的话，他们会更容易地发现自己前进的道路。当他们全心投入，兴趣百倍，他们会更容易实现目标，远不会成为那些没有完成自己课程的人中的一员。

● **可行：坚持自己的选择，不要过多地受其他因素影响。**

对于许多家庭来说，孩子进哪所学校学习是一个重要的问题。关于这方面的信息有很多，但大多都太过主观，没有经过多少论证。升学率和毕业生去向往往是比较容易获得的参考信息，但这只是一些数据统计。如果涉及到人的素质问题，这些数据并不能告诉青少年太多关于他或她可能获得的学习经验的信息。

一个人的经历往往与其他人有很大不同，错误的信息是有风险的——因为我们某些信息的来源本身就不可靠。一门课程或一个学位莫名其妙地被贴了冷门或弱科的标签，其他人就会选择其他的课程。决定进入哪所大学或专科学校，或是否选择工作，或其他学习选择等这些问题与抉择使人们忽视了最适合孩子及其志向的基本的学习因素。家长应该在这一过程中担当起一定的作用。

● **可行：认识到孩子在实践中学习的价值。**

如果你有一个有确定方向的孩子想要接受培训，好好考虑并和她交流一下下面的几个问题：

她最喜欢做什么？

在实践中她尽自己最大的努力了吗？

她能在日常的小组活动中做得更好吗？能够积极地提问，与他人交流思想吗？她在人数较多的班级中在缺少老师引导的情况下更能应对自如吗？

如果对上面的问题你的孩子都能够给出肯定的答案，那么可能的话想办法带她去参观一下你考虑选择的培训机构。孩子所感受到的一切——环境、教师或工作场所，以及指导老师、其他同学和他们进行的工作等，这一切感受或经历都将帮助青少年看到自己能够达到的成绩。

一些课程，尤其是专科院校或私立学校所设置的课程，常常以输送了具备工作能力的毕业生而骄傲，不管这些毕业生是从事电影编辑行业、发型设计行业、数据库管理行业，还是环境绿化行业。我们需要认识到不同的科目之间有不同之处，但没有必要区分好与坏，只要弄清楚哪一种更适合孩子取得成功就可以了。重视孩子将要得到的训练，花费一些精力来做些功课，了解一下孩子将要学习的内容这是值得的。

- **不可行：不要过于担心。**

担心忧虑是一种消极思想。如果你关心你的孩子，常为他们考虑，这是人之常情，但要试着以积极的方式关心他们。转变你的思想，积极地想象：你的孩子正在努力学习，正在建立联系，正在调整休息，或正在寻找他们确切渴望的东西。

你的担心是会蔓延的——孩子受到这种情绪的影响会对自己感到悲观。你对孩子的鼓励应是积极的大胆的想象，相信奇迹是会在他们身上发生的，他们的机会或理想的工作终将会到来的。乐观的人会更容易成功——这是你的孩子能够从身为家长的你身上学习到的重要素质。

- **可行：赞美孩子的与众不同。**

你的孩子正步入职场——Y 时代的新青年怀揣梦想与热情向职场进军，这对他们的雇主是一种挑战，或许对作为家长的你也是一种挑战——家长和雇主都应当认识到，这一代的新人将会带进职场的正是当今社会所要求的。他们出生在科学技术完备的时代，轻而易举地掌握了在我们那个时代最为重要的技能，这常常使家长很惊讶。认真考虑一下他们所处的环境：他们出生在一个社会变化空前迅速的时代，他们已经被卷入了一定的职场活动之中，他们准备着成为一个机动的、有适应能力的能够随机应变的工作者。

新一代的工作者不恪守陈规，因为当他们掌握了更先进、更有效的工作方法后，他们就不会再受旧方式的限制，他们明白坚持学习的必要性，它是保住工作的有效方法。这一现象应该引起人们的重视，让人们认识到建立其良好的雇主与雇员关系是很重要的，能对目标做出回应，积极地应对挑战。许多年轻工作者都有一种自我经营的渴望，因此他们常常准备就绪，以负责而自由的态度工作。他们是全球市场经济的重要组成部分，许多年轻人要在这一领域展现自己所能。家长和雇主花一定的时间了解这些变化和不同，并重视这些不同，这将会得到充满活力与才能的新一代的爱戴。

肯定孩子各方面的成功

今天，衡量一份职业是否成功的标准有很多，重要的一条标准是关于一个工作者怎样在工作和生活中找到满足感。家长们谈论孩子时常常倾向于关注孩子的在工作上获得什么样的职称或头衔，多快能晋升，能有多高的收入和地位，等等，这些成就固然很好，但是对于孩子寻求心理上的成功同样值得骄傲——如获得满足感、拥有充实的个人生活、被内心梦想所引领的前进道路，以及对幸福的认识，等等。例如，一些人放弃了其他外在的成就的困扰，只追求一种接近自然的生活方式，在自己热爱的环境中生活，选择各种收入方式来维持这种生活。如果他们成功地过上这种生活，实现了自己的目标，那么就可以说他们拥有了一个有益的职业。

我们的"旅程"各不相同

作为家长，在观察孩子逐步进入职场的过程中，你会发现每个孩子之间会有很大的不同。有的孩子一开始便遇到挫折与困惑，需要经过一段时间的调整才会步入正轨；另一些孩子刚开始也会遇到挫折困难，但他们可能会一蹶不振；还有一些孩子愉快地走上了一条平坦的路，几乎没遇到什么不顺。如果你已经采取措施，在孩子成长的过程中不仅树立了孩子的自信心而且也培养了他们的自我认识感，不管他们怎样发展，你也不必过度担心。你会看着自己的孩子发展：

► 更合适的职业选择；

► 更能应对挫折；

► 更自信地做出决策；

► 更清晰地规划自己的志向；

► 更自信地步入职场。

除此之外谨记：不要攀比！

当我们选择不同的道路在职场的迷宫中摸索前行的时候，重要的一件事是孩子最终得到了一份满意的、有意义的工作。

你了解变幻莫测的职场吗?

21 世纪的职场是变幻莫测的,随着个体和他们所处的环境的变化,被人类驱使和一次次的重新改造。

◎ 职场是自我引导、由人掌控的。

◎ 是一种对经验和技能的终身学习。

◎ 通过终生不断学习才能取得发展与进步。

◎ 就业能力是一种关注,而不是一种职业保障。

◎ 你的"整个身心"都要投入到工作之中,而不单单只是从"工作的一个侧面"投入进去。

◎ 学习技能的关键在于自我认识和适应能力。

◎ 目标应是达到心理上的满足与成功。

以上这些是青少年在当今时代所从事的职业旅程中所应具备的基本特征,他们可以在你的认可和理解下准备这些特征。

资料来源: 引自 D. T. Hall(1996),《职场变幻的 21 世纪》,行政管理研究院,第 19 辑,第 4 期,第 8~16 页。

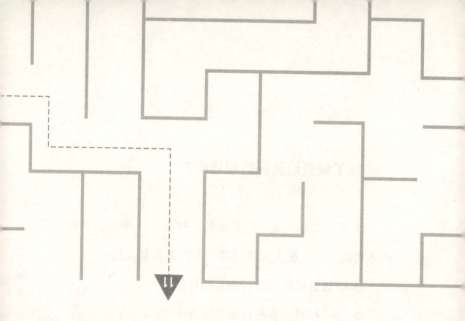

第十一章
家长可获取的有效资源

寻求职业与企业的相关信息

年轻人常常被某些职业的表面特征所吸引，但对其涵盖哪些工作领域却一无所知。一种获得更详尽的信息的有效途径就是通过政府网站的数据库，它能够提供数百种工作信息的列表，详细说明某一特定领域的具体工作内容是什么。这种信息通常包括：这一职业所应具备的技能和知识，怎样适应角色，在哪里可以进行相关培训，工作的前景如何，指导方针和可望薪金等情况。

在英国，人们可以通过学习指导——职业咨询网站（ *Learn Direct – Careers Advice: www. learndirect – advice. co. uk* ）收集相关信息；在苏格兰，相关网站是苏格兰职业咨询网（ *Careers Scotland: www. career – scotland. org. uk* ）；在美国，相关网站是职业前景手册（ *Occupational Outlook Handbook: http : // www. bls. gov/oco/home. htm* ），信息非常全面。另一个美国职业信息网站是职场一站式（ *Career OneStop: www. careeronesto. org* ），该网站拥有大量吸引人的额外信息，如在职场中所用到的工具和技术；发展最快的行业或正处于下滑状态的行业有哪些等等。加拿大有一个名为未来职业（ *Job Futures: www. jobfutures. ca* ）的国家网站，提供了大量的职场信息。

新西兰职业服务网站（ *Career Services：www. careers. govt. nz* ）

同样也为用户提供了大量的信息；澳大利亚的工作指南网
（*Job Guide*：*www.jobguide.dest.gov.au*）以及南非的商业网站
职场（*Career.co.za*：*www.careerinfro.co.za*）亦是如此。

如果想要了解工业领域的信息，以及与该领域相关的职业信息，用户可登录美国劳动统计局（*Bureau of Labor Statistics*）的首页，在那里可点击职业前景手册（*Occupational Outlook Handbook*：*http*：//*www.bls.gov/oco/home.htm*）这一链接。这是一个非常实用的网站，可用来搜集特殊领域的相关信息。

(1) 寻找专门产业

在大学时期学生应积极学习前沿技术，以备将来填补新兴产业的空白，适应新的职业要求。对于学生们来说，这些新兴产业的网站是一个了解和研究工业发展变化的好地方，如"信息与工程技术的发展前景如何"这一问题便可在相关网站上找到答案。加拿大的麦肯基大学（McGill University）为学生和家长提供了一些非常实用的网站（*www.mcgil.ca/engineering/*），在"什么是工程学？"一栏，该网站提供了该学校各个专业对这一问题的回答——包括航空专业、化学专业、政治专业、计算机专业、材料学专业、机械工程专业、采矿专业、软件开发与电子工程专业以及建筑工程专业。澳大利亚昆士兰州大学（Queensland）的工程专业网站（*www.epsa.uq.edu.au*）对每一专业领域都进行了详细的描述——包括环境专业、采矿专业和机械操作专业——在同一页面上还提供了有潜力的职业的排名情况、就业机会等，并且提供了相关学习内容和学习方法等相关信息。

认真浏览这些大学或学院的网站，这些网站将会帮助你和孩子选择合适的大学，确保你的孩子能够选择自己感兴趣的学校和专业。它们能够提供孩子所需的专业或课程，并且更多地了解这些学校正在做些什么。

寻找相关商业和产业培训

越来越多的年轻人询问他们怎样能够"边学习边工作"。这恰恰是被许多企业和培训机构所宣扬的，用来凸显企业的声望，标榜自己能为年轻学习者提供学习技术的机会，能够使他们通过学习获得相关资格证明。这种培训机构在哪里呢？家长首先应该搜索一下提供相关服务的商业贸易培训机构的专门网站。澳大利亚有达成贸易网站（*Get a Trade*：*www. getatrade. gov. au*），可提供如何起步、如何成为学徒、贸易培训内容、最紧缺的技能以及工作的前景等相关信息。新西兰现代学徒网（*Modern Apprenticeships*：*www. modern – apprenticeships. govt. nz*）提供了类似的信息，以及在培训项目中的学习资料和使用方法的相关评论。真实的照片和故事使这个网站很真实、很有趣。令家长们感到惊奇的是，现在的学生可以得到很多择业机会，他们清楚地记得过去他们对贸易行业的认识非常有限，得到的培训也很有限，自己的想法或灵感也常常受到很大限制。现在商贸发展产生很多新的可能性。

其他一些在职培训和资格认证的相关信息可在专门的产业网站上查询，如在类似建筑和电力供应等重要工业的相关网站上查询。英国的建筑技能网（*Construction Skill*：*www. citb. org. uk*）提供了一些涉足建筑业的途径，一些学徒、技工或毕业生等可从事这方面的工作。他们的网站还为年轻人设置了专门页面（*www. beconstructive. co. uk*）。澳大利亚的建筑业网（*Be Constructive*：*www. beconstructive. com. au*）本着相同的目的，向网络用户提供了大量的相关信息。新西兰的能源供应网 ESITO（*www. esito. org. nz*）也是一个非常好的网站，该网站提供了大量清楚的信息、图片和工作人员真实的档案记录，并清楚地列出了可从事的职业类型，包括行政人员、电话中心话务员、工厂操作员、技术员、机械设备员、电工等；同时还着重说明了在职培训和资格认证的整个结构流程。

美国的职业航行网（*Career Voyages*：*www. career. voyages. gov*）是为了强调工业的重要性而设立的，提供了人员紧缺的行业——主要包括建筑业、能源、保健行业，同时也列出了这些工业部门空缺的职位，并且不需要本科学历。

许多局部地区的工业或厂家通过一些促销网站声称那里的人手或技术紧缺来吸引人才。一家在新西兰的网站——塔拉那基职业网（*Taranaki Careers*：*www. tara - nakicareers. co. nz*）在这方面做得相当出色。这是一家新颖的、未来指向型的网站，突出强调了该地区 20 种技术和劳动力紧缺的职业，每一种职业都对具体工作、培训内容、地方雇主的特点以及学历要求等进行了详细的说明；同时还提供了本地工作者的相关职业信息、在塔拉那基的生活方式，以及该地区毕业生的机会等相关信息。点击查看一下你所在的地区是否有类似的网站是非常值得一试的。

寻求择业帮助

（1）职业咨询师

在你的电话簿里应列有资深的职业咨询师的联系方式及详细信息，在教育机构的就业指导中心以及政府机构里都应配备职业咨询师。你或你的孩子应该查证他们的资格证书来帮助你们选择资深的咨询师——现在社会上有许多职业咨询师，但是只有少数是训练有素、有真才实学、对你的孩子有真正帮助的。在你的家长圈子里打听一下哪些人是真正专业的、对你是有帮助的。他们的声望往往是你的最佳向导。

（2）学校就业中心顾问

学校的职业顾问从经验丰富的职业咨询专家到半工半读的实习人员，水平参差不齐，他们的作用也有很大差异。许多家长在孩子处于迷茫或挣扎状态时都希望自己的孩子得到个人的帮助，但是学校的就业咨询中心并不适合对个人提供帮助或进行一对一的深入交流或培训。您需要联系或拜访您的孩子所在的学校就业中心，了解他们还能够给孩子提供什么其他的帮助。

（3）指导工具

计算机测试是学校就业指导中心、地方教育培训机构、专科院校和大学都能提供的一种就业指导测试，在工作领域还有涵盖范围更广的计算机辅助工具，你应该鼓励孩子利用这些工具进行自我测试——但要记住一点：这些工具提供的不一定是最终满意的"答案"，但它们能够提供有用的线索，值得你去思考、去改进。学校中最常用的计算机互动工具是英国的 Kudos，JIIG－CAL（"工作想法和信息源——计算机辅助学习"工具的简称）、事业构建者（CareerBuilder）、我的未来（My Futures）、探路者（Pathfinder）、职业问答（Career-Quest），以及未来自我（FutureSelves）等工具，均是在澳大利亚和新西兰常用的工具；在美国常见的是附加信息交互系统（Sigi Plus）；职场游弋（Career Cruising）和职业探险（Career Explorer）／职业之桥（Career Bridge）是加拿大常见的指导服务工具。还有许多其他国家，也将就业指导工具当做是信息网站的一部分，大多数学校均配备这种工具。谁也没有办法保证你的孩子借助这些工具能有多大提高，但找出不足、获取自身的信息是绝对值得的。它们最独特的地方是给学生们提供了测试他们的兴趣、技能、价值体系的机会。通过进行自我测试练习，学生们更真实地认识了自己，找到了与自身水平相匹配的职业。这些系统的不足之处是它们往往总是很复杂、很冗长、问题太多。这些系统可能对某些学生适用，但绝不是所有学生都适用。例如新西兰的一个职业服务（Career Services）的在线工具——探路者，是用来引导使用者在经过对技能和兴趣的一系列评估测试之后，提供一系列可能的职业选择。我有一些20岁上下的老顾客和学生，他们发现这些工具非常有用，但是对于学生来说过程太复杂，耗费的时间太多。

我们在第五章谈到过的自我导向搜寻网（*Self - Directed Search：www. self - directedsearch. com*）是一个国际性的资源网站，也是一个非常有用的在线工具，许多不同国家的高校均使用这一工具。类似的网站还有来自荷兰资源网的（*www. hollandcodes. com*）强烈兴趣（Strong Interest）资料信息，这也给在校学生和达到大学年龄的使用者提供了职业评估的工具。

(4) 简单的起步工具

选择和实践工具可在我本人的网站(*www. thecareerm - aze. com*)找到相关信息。选择程序已经在前面的第五章中进行过详细描述,这是一个适合寻找职业方向和选择专业科目的年轻起步者使用的工具。实践程序同样是一个简单短小的可视程序,但是是通过排列一系列的视频图片可以帮助年轻人探究和缩小技术行业、技术和实践工作的范围。

(5) 职场网络资源

家长在网上可以找到一些很有用的具体指导。父母谈职业选择——为家长或监护人提供指导,是澳大利亚的一个职业指导网站(*www. jobguide. dest. gov. au*)上所提供的信息。这是一个非常好的资源网站,提供了大量的建议、活动、信息,是一个引导孩子走向未来的非常实用的网站。职业指导信息也可以作为音频资源的形式提供给使用者。加拿大职业信息合作网提供了一个名为"供家长使用的职业发展资源——帮助家长发现自己的教练和盟友角色"栏目,可在 *www. ccip - picc. org* 网上找到相关资源。这是一个有用的生活指南,为家长与孩子成功地进行有关职业发展的交谈提供了有用的提醒和建议。

在一些主流网站上也有许多适用于家长的专栏。澳大利亚职业信息服务网站上的"我的未来(*My Future: www. myfuture. edu. au*)"专栏有一个专门为家长和监护人设置的版块，提供了许多关于如何提升孩子就业机会和就业选择的良好建议。该专栏的标题设置如下：

- ▶ 帮助孩子最大程度地发挥他们所学的知识
- ▶ 鼓励孩子成为终生学习者
- ▶ 鼓励孩子多了解职场信息
- ▶ 了解休学年的价值所在
- ▶ 谈论一些你自己的经验
- ▶ 表明你重视他们与你的不同
- ▶ 做一个好榜样
- ▶ 认识到就业环境已经变了
- ▶ 与孩子一起发掘职业领域
- ▶ 与孩子一同想办法做出职业选择
- ▶ 帮助孩子了解学习工作查找工具和技术
- ▶ 帮助孩子为职业抉择做准备
- ▶ 挑战固定模式
- ▶ 帮助孩子成为技能指向型人才

大学网站经常向刚起步的学生提供一些好的建议，向家长提供一些关于学校的具体信息。新西兰惠灵顿的维多利亚大学（*Victoria University*：*www.victoria.ac.nz*）有 一 个 网 上 手 册 叫 做 " 生 活 在 维 多 "（*http://www.victoria.ac.nz/home/publications/parents_guide_ 2008.pdf*），对于任何一个准备步入大学的孩子及其家长来说，这都是一个非常有用的读物。它包含了具有代表性的入学第一年的相关经历、大学的不同之处、学费预算等对于家长和孩子都实用的生存小贴士；非常有用的网页提供的是该大学对于各专业学位所修读的 13 门课程选课的建议。类似的网站是澳大利亚的昆士兰州大学（*The University of Queensland*：*www. uq. edu. an/study/*）网站。该网站提供了一个供家长下载相关指南的网页，如：昆士兰州大学（UQ）的《你的下一步：给大学新生的大学生活指南》，这是一本速成指南，主要包括计划、必修课程、学习费用和申请过程。记住，大学第一年是会有很多损失且需要很大投资的一年，因此如果你的家中有一个专科院校的学生，你有必要花时间阅读一下这方面的材料信息。

网上求职信息

前面在第八章我们提到过，由惠灵顿的维多利亚大学提供的"凭借我的专业和学位我能做些什么？"（登录 *www. victoria. ac. nz* 寻求职场胜利），是为毕业生提供的资源丰富的网站。英国名为"前景（Prospects）"的毕业生官方网站（*www. prospects. ac. uk*）也有一个板块叫做"我的课程选择"，同时也提供了许多工作方面的信息和帮助学生选择合适工作的自我测试工具等。澳大

利亚的 *www. graduatecareers. com. au* 网站上也提供了相关职位搜索和学校联系方式，以及不同专业的毕业生所从事的工作和薪水等相关数据。

寻求政府部门的工作

　　世界上的公共服务工作提供了重要的工作途径和培训机会，我发现许多人对此却不甚了解。新西兰政府服务网站 Jobs Govt NZ（*www. jobs. govt. nz*）首页上的职位空缺表明，存在很多种职位空缺（我上次看有 500 多个空缺）。英国有政府工作指导网（*www. governmentjobsdirect. co. uk*）；澳大利亚有公共服务网 APSJobs（*www. apsjobs. gov. au*）；加拿大有 Jobs. gc. ca 网站（*www. jobs. gc. ca*）。美国的公共服务合作关系网（*www. ourpublicservice. org*）最近实施了一项计划以吸引新的毕业生从事服务行业，使毕业生对公共服务业重新产生了兴趣。这些网站列出了相关信息，包括职位、工作地点、实习内容、发展前景以及毕业生就业机会等。

　　还有许多其他供年轻人起步的职业搜索网站，它们将在没有家长的帮助下找到相关信息。家长能提供帮助的方式就是找到一些往往很容易被忽视的信息资源，如上面所列举的那些资源网站。